essentials

essentials liefern aktuelles Wissen in konzentrierter Form. Die Essenz dessen, worauf es als „State-of-the-Art" in der gegenwärtigen Fachdiskussion oder in der Praxis ankommt. *essentials* informieren schnell, unkompliziert und verständlich

- als Einführung in ein aktuelles Thema aus Ihrem Fachgebiet
- als Einstieg in ein für Sie noch unbekanntes Themenfeld
- als Einblick, um zum Thema mitreden zu können

Die Bücher in elektronischer und gedruckter Form bringen das Fachwissen von Springerautor*innen kompakt zur Darstellung. Sie sind besonders für die Nutzung als eBook auf Tablet-PCs, eBook-Readern und Smartphones geeignet. *essentials* sind Wissensbausteine aus den Wirtschafts-, Sozial- und Geisteswissenschaften, aus Technik und Naturwissenschaften sowie aus Medizin, Psychologie und Gesundheitsberufen. Von renommierten Autor*innen aller Springer-Verlagsmarken.

Steven Plöger

Google Discover verstehen und nutzen

Ein Leitfaden für Publisher

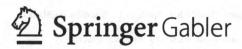 Springer Gabler

Steven Plöger
Berlin, Deutschland

ISSN 2197-6708 ISSN 2197-6716 (electronic)
essentials
ISBN 978-3-658-42304-9 ISBN 978-3-658-42305-6 (eBook)
https://doi.org/10.1007/978-3-658-42305-6

Die Deutsche Nationalbibliothek verzeichnet diese Publikation in der Deutschen Nationalbibliografie; detaillierte bibliografische Daten sind im Internet über http://dnb.d-nb.de abrufbar.

Planung/Lektorat: Maximilian David
Springer Gabler ist ein Imprint der eingetragenen Gesellschaft Springer Fachmedien Wiesbaden GmbH und ist ein Teil von Springer Nature.
Die Anschrift der Gesellschaft ist: Abraham-Lincoln-Str. 46, 65189 Wiesbaden, Germany

Was Sie in diesem *essential* finden können

- Was Google Discover ist und warum es für die Verlagsbranche und den E-Commerce immer wichtiger wird.
- Wie Googles Algorithmen funktionieren und wie sie sich auf Google Discover auswirken.
- Was man als Publisher tun kann, um möglichst viel Reichweite mit Google Discover zu generieren.
- Wie man den Erfolg bei Google Discover mit verschiedenen Tools messen kann.

Vorwort

Google Discover. These und Antithese. Die Analyse dieses gleichsam faszinierenden wie auch abgründigen Ort der digitalen Medienwelt gleicht in vielen Punkten der Dialektik Georg Wilhelm Friedrich Hegels aus seinem ersten Hauptwerk „Die Phänomenologie des Geistes". Auf jede These, die man mühselig erarbeitet, folgt die Antithese, im besten Falle danach eine Synthese aus beiden – und damit eine Erkenntnis, die wiederum erneut zur These wird, eine Antithese hat und den dialektischen Prozess von vorn startet.

So streckt sich meine Bildungsreise, Google Discover zu verstehen, über Tage, Monate, Jahre. Immer wieder stieß ich an Grenzen, immer wieder machte sich ein Funken Hoffnung breit, ich hätte Googles geheimnisvolles Produkt besser durchschaut, hätte einen Hebel entdeckt, um die Reichweite journalistischer Artikel gezielt zu steigern – nur um am Ende gegen die nächste Wand zu laufen und von vorn zu beginnen.

Dreieinhalb Jahre habe ich damit verbracht, die dunkelsten Ecken von Discover abzusuchen, um möglichst viele Erkenntnisse über die KI-gesteuerten Algorithmen und deren Funktionsweise zu bekommen. Erkenntnisse, die dabei helfen sollen, die oft von Reichweite getriebenen und unsteten Geschäftsmodelle im Journalismus berechenbarer zu machen. Manche blieben beständig, manche zerfielen nach einem Algorithmusupdate zu Staub. Ich habe Zahlen analysiert, mit SEO-Experten gesprochen, Vorträge und Podcasts gehört. Und nun soll dieses Buch meine Synthese werden. Eine Erkenntnis über einen Feed von Google.

Doch so sehr ich mich auch rational an Zahlen, Daten und Mustern abgearbeitet habe, versucht habe, einen höheren Erkenntnisgewinn zu erlangen, muss ich am Ende einsehen: Am besten habe ich dieses Produkt verstanden, wenn ich es gefühlt habe. Wenn meine Intuition nach all den Monaten der Recherche und der Zahlen-Analyse intuitiv wusste, wann das nächste Traffic-Hoch kam. Wenn sie mir verriet, welche Geschichte mit welcher Überschrift am besten funktionieren wird. Somit ist es wohl ausgerechnet Hegels größter Widersacher Arthur Schopenhauer, der am Ende mit seiner Aussage „Was dem Herzen widerstrebt, lässt der Kopf nicht ein" aus „Die Welt als Wille und Vorstellung" recht hat. Vielleicht muss man Discover fühlen, statt nur vom Verstand durchdringen zu lassen.

Dieses Werk soll das theoretische Gebäude sein, das die grundlegenden Funktionen von Google Discover nach jetzigem Wissenstand abbildet. Es ist der Startpunkt, um sich damit weiter intensiv auseinanderzusetzen. Zu experimentieren.

Und es schlussendlich zu fühlen.

Steven Plöger

Inhaltsverzeichnis

Was ist Google Discover?

1

1.1 Definition

Google Discover ist ein Produkt von Google, das ausschließlich mobilen Nutzern einen hochgradig personalisierten, KI-gesteuerten Feed mit Inhalten aus dem gesamten Netz anzeigt – basierend auf Artikeln und Themen, die sie am meisten interessieren. Das können News sein, zeitlose Inhalte, aber auch lokale Nachrichten aus dem Ort, an dem sich der Nutzer befindet, Videos, das Wetter oder Sportergebnisse. Discover lässt sich eher mit dem Facebook-Feed als mit der organischen Google-Suche vergleichen.

Google veröffentlichte Discover 2018, die Ursprünge reichen aber zurück bis in das Jahr 2012 – mit dem Start von Google Now. Google Now zeigte bevorstehende Sportereignisse, Kalendereinträge, Telefonnummern, aber auch vereinzelt News an – ohne, dass der Nutzer aktiv danach suchen musste. Google veränderte das Produkt über die Jahre und verlagerte einige der Funktionen in den Google Assistant. Schließlich reduzierte Google es fast ausschließlich auf Artikel und benannte es erst in Google Feed um, 2018 im Zuge eines Relaunches dann in Google Discover.

Der große Unterschied gegenüber der organischen Suche: Bei Google Discover sucht der Nutzer nicht gezielt nach Informationen. Der Feed basiert auf einer Recommendation Engine, die versucht, mit einer Kombination aus den Nutzerdaten und maschinellem Lernen vorherzusehen, welche Inhalte dem Nutzer gefallen könnten, ohne dass dieser gezielt eine Suchanfrage stellt. Damit unterscheidet sich auch der Umgang mit Google Discover in der täglichen redaktionellen Arbeit von der Optimierung organisch rankender Inhalte. Man kann versuchen, Artikel für die organische Suche speziell auf einzelne Suchanfragen zu optimieren – nicht aber, um gezielt bei Google Discover für einen Interessensbereich ausgespielt zu werden. Google schreibt dazu:

> „Weil der Ansatz von Discover aber eher auf Zufälligkeit beruht, sind Zugriffe über Discover im Vergleich zur Google Suche weniger vorhersehbar oder verlässlich." (Google 2023c)

Dass der Discover-Traffic tatsächlich wenig vorhersehbar ist, wird dieses Buch noch ausführlich zeigen. Dass Discover auf Zufälligkeiten beruht, darf bei dem Produkt eines Milliardenkonzerns, der damit Geld durch Werbeausspielung verdient, allerdings angezweifelt werden. Dafür kennt Google seine Nutzer zu gut.

Discover ist in der Regel mit einem Google-Account verknüpft. Hier holt sich Google die Informationen über seine Nutzer. Durch Maps weiß Google, wo sich der Nutzer zuletzt aufgehalten hat. Google weiß – etwa durch den Chrome-Browser – auf welchen Webseiten sich der Nutzer aufhält. Google weiß durch die Google-Suche oder die Google-App, welche Suchanfragen er zuletzt gestellt hat. Und auch, welche YouTube-Videos er sich angeschaut hat.

Fast der gesamte Tagesablauf eines Nutzers lässt sich mit diesen Metadaten rekonstruieren. Dieses Wissen nutzt Google, um dem Nutzer ein perfekt auf seine Interessen zugeschnittenes Produkt anzubieten – und vorherzusehen, für welche Themen er sich als nächstes interessieren könnte.

1.2   Wo taucht Google Discover auf und wie kommt man rein?

In Deutschland greifen viele Nutzer mit einem Fingerwisch nach rechts auf dem Startbildschirm ihres Android-Handys auf Google Discover zu – dort, wo bei iPhones früher einmal standardmäßig Apple News zu sehen war. Allerdings gibt es bei der großen Anzahl unterschiedlicher Smartphone-Hersteller auch Unterschiede in der Ausspielung der Fläche. Auf manchen Samsung-Geräten etwa befindet sich dort der News-Aggregator Upday.

Auch in der Google-App taucht unter dem Suchfeld ein Discover-Feed auf, ebenso in der mobilen Version des Browsers Google Chrome – in Deutschland allerdings nur, wenn man ein leeres Tab öffnet.

Im Gegensatz zum Nachrichten-Aggregator Google News – ein Produkt, für das sich Publisher aktiv anmelden müssen und bei dem Google die Anfrage prüft und annehmen oder auch ablehnen kann – braucht man sich für Discover nicht bewerben. Ähnlich wie bei der organischen Suche landet man dort automatisch, sofern man Googles Inhaltsrichtlinien beachtet (Abschn. 2.2.2).

1.3 Welche Inhalte gibt es bei Google Discover?

Öffnet man Google Discover, bekommt man zunächst eine Liste mit verschiedenen Panels ausgespielt, die in der Regel auf Artikel verschiedenster Webseiten führen und ein Bild und eine Überschrift haben. Solche Panels nutzt Google nicht nur für Discover, sondern auch für andere Produkte wie Google News.

Garniert wird der Feed – je nach Interessen der Nutzer – mit weiteren kleinen Flächen, die etwa an Wochenenden aktuelle Bundesliga-Fußballergebnisse anzeigen.

Ein Großteil der Panels leitet den Nutzer auf Artikel journalistischer Webseiten weiter. Manchmal wird auch ein größeres Panel mit der Überschrift „Schlagzeilen" ausgespielt, das dann mehrere, aktuelle Artikel zu Nachrichtenlagen sammelt.

Discover ist allerdings kein klassischer Nachrichten-Feed, häufig gibt es längere Lesestücke zu zeitlosen Themen – und das auch von Webseiten und Blogs, die nur ein kleines Publikum erreichen. Je nach Expertise für ein bestimmtes Thema – etwa bei Nischenthemen wie Angeln oder Briefmarken sammeln – sind es oft kleinere Fachseiten, die bevorzugt bei einer bestimmten Nutzer-Zielgruppe ausgespielt werden. Auch Artikel von englischsprachigen Seiten spielt Discover in kleineren Dosen an deutsche Nutzer aus.

Ebenfalls bekommen die Leser Affiliate-Artikel ausgespielt. Das sind Artikel – oft auch produziert von Verlagen – die über ein Produkt berichten und den Leser über einen Link in Onlineshops leiten. Kauft der Nutzer dort etwas, bekommt der Publisher eine Provision. Viele Affiliate-Artikel haben einen werblichen Charakter, werden von Google aber nicht als Werbung gekennzeichnet. Auch E-Commerce-Anbieter – etwa Preisvergleichsportale – messen Discover-Traffic auf Produktseiten zu bestimmten Artikeln.

Lange Zeit war Discover in Deutschland abseits von Affiliate-Artikeln nahezu werbefrei, seit Mitte 2022 spielt Google zunehmend Anzeigen der Discovery Ads aus – ein Anzeigenformat, das auch bei YouTube oder Gmail zum Einsatz kommt. Die Anzeigen sind meist etwas größer als die Artikel-Panels, pro Feed-Seite können vier bis fünf Anzeigen auftauchen. Sie werden unten mit dem Hinweis „Gesponsert" versehen.

Die zunehmende Ausspielung von Anzeigen ist jedoch nicht die einzige Veränderung der letzten Monate. Auch Videos spielen eine immer größere Rolle.

YouTube-Videos zu ähnlichen Themen wie die der Artikel werden schon länger prominent angezeigt, neu ist der Reiter „Kurze Videos", der in Deutschland allerdings nur selten ausgespielt wird. Hier zeigt Google in einem Kachel-Karussell verschiedene Short Videos an – ebenfalls zu Themen, zu denen der Nutzer auch Artikel und YouTube-Videos angezeigt bekommt. Short Videos sind ein beliebtes Format mit Videos, die in der Regel nur eine Länge bis zu 60 Sekunden haben. Besonders jüngere Nutzer konsumieren sie auf TikTok, bei YouTube (YouTube Shorts) oder auf Instagram und Facebook (Reels). Google zeigt bei Discover neben den eigenen YouTube Shorts auch Inhalte von anderen Plattformen wie TikTok und Facebook an.

Schon länger in den USA, und seit einiger Zeit auch in Deutschland erscheinen die Web Stories, bekannt von anderen Plattformen wie Instagram und Snapchat. Web Stories sind für Publisher eine Möglichkeit, ihre Artikel visueller mit Bildern, Video- oder Audioinhalten darzustellen. Wischt der Nutzer nach oben, gelangt er zum Artikel auf der Webseite des Publishers. Die Web Stories tauchen jedoch nur sporadisch in Deutschland auf und werden in erster Linie von Publishern erstellt, die am News Showcase (Abschn. 1.4) teilnehmen.

1.4   Die Bedeutung von Google Discover für Publisher und den E-Commerce

Google Discover gewinnt für Medienindustrie seit Jahren an Bedeutung – auch, weil der Feed in unregelmäßigen Abständen zu bestimmten Themen eine hohe Anzahl Besucher auf die Seite zieht. Das können in Einzelfällen mehrere Hunderttausend bis hin zu über eine Millionen Visits für einen einzigen Artikel sein. Doch auch abseits der Peaks gibt es täglich ein Traffic-Grundrauschen.

Abby Hamilton von der SEO-Agentur Merkle untersuchte im Jahr 2020 über 11.000 Discover-URLs (Hamilton 2020) und fand heraus, dass 46 % davon journalistische Artikel waren – und 44 % E-Commerce-Seiten. Und obwohl Journalismus nicht einmal die Hälfte aller URLs ausmachte, waren Artikel von Publishern für 99 % des Traffics verantwortlich.

Publisher erwartet also eine hohe Reichweite, die sich monetarisieren lässt – und das mit weniger Aufwand als mit dem Aufbau von organischen Rankings. 2018 ließ Google durchblicken, 800 Mio. Nutzer würden Discover weltweit nutzen (Corby 2018), aktuellere Zahlen gibt es von offizieller Seite nicht.

Gleichzeitig ist es schwierig, mit Google Discover eine Trafficstrategie zu entwickeln, „Patentrezepte" gibt es nicht. Die Reichweite ist inkonstant, an manchen Tagen sind die Zugriffszahlen hoch, an anderen kommt fast gar kein Traffic.

Discover-Reichweite ist volatil und offiziell gibt es wenig Hebel, um zu beeinflussen, wie einzelne Geschichten dort ausgespielt werden. Wann Discover bestimmte Artikel wie lange ausspielt, scheint Googles Geheimnis zu bleiben.

Inzwischen gibt Google Verlagen mit dem News Showcase die Gelegenheit, zumindest etwas Einfluss auf den Feed zu nehmen. Google-CEO Sundar Pichai kündigte im Oktober 2020 den Start eines Programmes an, um Medienhäuser direkt für ihre Inhalte zu bezahlen (Pichai 2020). Eine Milliarde US-Dollar sollen im Zeitraum von drei Jahren an Verlage ausgezahlt werden.

Zur Vereinbarung gehört, dass teilnehmende Verlage über ein von Google bereitgestelltes Tool Panels für eine bestimmte Anzahl an Artikeln erstellen, die dann bei Discover und Google News ausgespielt werden. Das können sowohl frei verfügbare als auch Artikel sein, die hinter einer Bezahlschranke stehen und nur für Digital-Abonnenten zugänglich sind. Discover-Nutzer bekommen diese dann kostenlos angezeigt – zumindest einige Male, bevor sie bezahlen müssen.

Showcase-Teilnehmer berichten von hohen Trafficzuwächsen, sobald Google ihren Geschichten Reichweite gibt – doch die gäbe es auch regelmäßig ohne Showcase-Panels. Mehr Traffic gibt es also nicht – zumal das Kartellamt von Google verlangt, sicherzustellen, dass es nicht zu einer Diskriminierung einzelner Verlage kommt. Showcase-Inhalte dürften nicht bevorzugt und konkurrierende Inhalte nicht behindert werden.

Der News Showcase ist in der Branche umstritten. Das Kartellamt prüfte zuletzt, ob die Kooperation mit einzelnen Verlagen den Wettbewerb verzerre. Googles Zugeständnisse – etwa die Verbannung der Showcase-Panels aus der organischen Suche – sorgten am Ende dafür, dass das Kartellamt das Verfahren im Dezember 2022 einstellte. Bei Discover sind die Showcase-Panels nach wie vor zu finden.

Wie funktioniert Google Discover? 2

2.1 Grundlagen über die Funktionsweise und die Algorithmen von Google

2.1.1 Der Knowledge Graph, der Topic Layer und Entitäten

Um besser zu verstehen, wie Discover funktioniert, hilft es in den Grundzügen zu wissen, wie Google Informationen strukturiert und was eine Entität ist – ein Begriff, der immer wieder auftauchen wird.

Googles „Wissen" basiert auf dem Knowledge Graph – einer riesigen Datenbank mit Informationen, die es Google ermöglicht, umgehend eine sachliche Antwort auf die Frage eines Nutzers zu geben. Im Zentrum des Knowledge Graphs stehen Entitäten. Der Begriff Entität (engl. entity) leitet sich von dem lateinischen Wort „entitas" ab, auf Deutsch bedeutet er so viel wie „Ding". Google definiert eine Entität als:

> „Ein unterscheidbares Objekt, das eine reale Existenz darstellt, wie etwa ein Fahrzeug, eine Fahrt oder eine Haltestelle. Entitäten sind mit einer eindeutigen ID identifizierbar und jeder Entitätstyp hat eine Reihe von Feldern, die ihn beschreiben." (Google 2023)

Eine Entität ist also eine Informationsmenge zu einem definierten Oberbegriff. Das kann ein konkreter Gegenstand, eine Person oder ein Ort sein – also „Dinge" –, aber auch abstrakte Begriffe wie „Liebe" oder „Wirtschaft".

Jede Entität wiederum enthält Attribute, die semantisch zu diesem Oberbegriff passen. Ein Beispiel: Die Entität „Tesla Inc." etwa könnte die Attribute „Unternehmen", „Gründungsjahr" oder „Umsatz" enthalten, und steht in Beziehung zu

S. Plöger, *Google Discover verstehen und nutzen*, essentials,
https://doi.org/10.1007/978-3-658-42305-6_2

anderen Entitäten, etwa „Elon Musk", dem CEO. Diese Entität wiederum hat eigene Attribute, etwa „Person", „Alter" oder „Vermögen". (Siehe Abb. 2.1)

Man kann sich den Knowledge Graph also wie eine große Mindmap vorstellen, die Google nutzt, um Dinge und Konzepte zu verstehen – und sie mit anderen in Verbindung zu bringen.

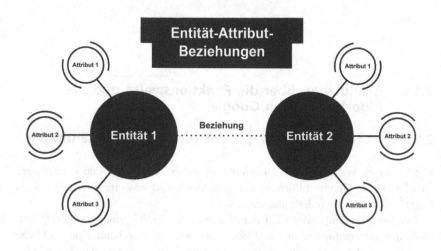

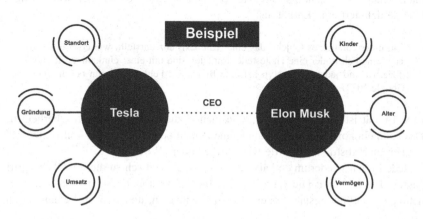

Abb. 2.1 Infografik Entitäten

Gut erkennen kann man das, wenn man – bleiben wir beim Beispiel Tesla – den Begriff in das Google-Suchfeld eingibt. (Siehe Abb. 2.2)

Google zeigt in der Infobox Attribute an, die es im Knowledge Graph mit Tesla in Verbindung bringt – etwa das Gründungsdatum, den aktuellen Umsatz, oder den Hauptsitz – und weitere Entitäten (die blau markierten Begriffe),

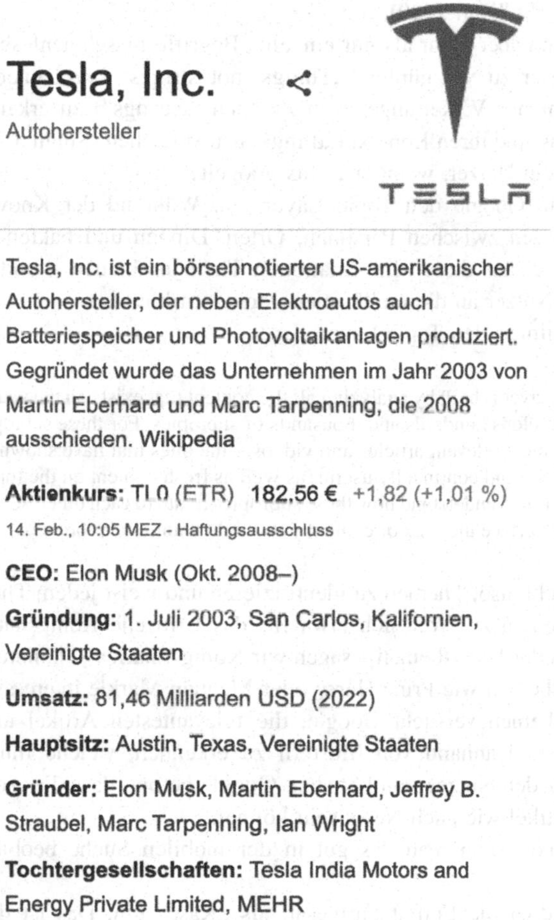

Tesla, Inc. <
Autohersteller

TESLA

Tesla, Inc. ist ein börsennotierter US-amerikanischer Autohersteller, der neben Elektroautos auch Batteriespeicher und Photovoltaikanlagen produziert. Gegründet wurde das Unternehmen im Jahr 2003 von Martin Eberhard und Marc Tarpenning, die 2008 ausschieden. Wikipedia

Aktienkurs: TI 0 (ETR) 182,56 € +1,82 (+1,01 %)

14. Feb., 10:05 MEZ - Haftungsausschluss

CEO: Elon Musk (Okt. 2008–)

Gründung: 1. Juli 2003, San Carlos, Kalifornien, Vereinigte Staaten

Umsatz: 81,46 Milliarden USD (2022)

Hauptsitz: Austin, Texas, Vereinigte Staaten

Gründer: Elon Musk, Martin Eberhard, Jeffrey B. Straubel, Marc Tarpenning, Ian Wright

Tochtergesellschaften: Tesla India Motors and Energy Private Limited, MEHR

Abb. 2.2 Infobox Tesla

die in einer Beziehung zu Tesla stehen, etwa CEO Elon Musk oder die Tochtergesellschaften.

Jede Entität ist bei Google als ID (und nicht als Begriff) hinterlegt, die einzigartig und maschinenlesbar ist. Das sorgt dafür, dass unterschiedliche Dinge mit dem gleichen Namen (etwa das Unternehmen Tesla und die Einheit Tesla für die magnetische Flussdichte) korrekt zugeordnet werden können. Insgesamt arbeitet der Knowledge Graph mit mehr als 500 Mrd. Fakten von über 5 Mrd. Entitäten (Stand 2020). (Sullivan 2020)

Google kann aber mehr als nur einzelne Begriffe maschinenlesbar zu machen und miteinander zu verknüpfen. „Things, not strings" bezeichnet Google sein Konzept, nicht nur Verkettungen von Zeichen („strings") zu erkennen, sondern ihre Bedeutung und ihren Kontext („things") zu verstehen (Singhal 2012). Welche Intention hat ein Nutzer, wenn er etwas googelt?

2021 führte Google den Topic Layer ein. Während der Knowledge Graph die Verbindungen zwischen Personen, Orten, Dingen und Fakten herstellt, soll der Topic Layer aus diesen Informationen Themen ableiten – und wie sich das Interesse der Nutzer an diesen Themen verändern könnte.

Google definiert den Topic Layer als:

> „The Topic Layer is built by analyzing all the content that exists on the web for a given topic and develops hundreds and thousands of subtopics. For these subtopics, we can identify the most relevant articles and videos – the ones that have shown themselves to be evergreen and continually useful, as well as fresh content on the topic. We then look at patterns to understand how these subtopics relate to each other, so we can more intelligently surface the type of content you might want to explore next." (Fox 2018)

Google versucht also, Themen zu identifizieren und weist jedem Thema verschiedene Unterthemen zu. Wer sich etwa für das Britische Königshaus interessiert bzw. für eines der Unterthemen – sagen wir König Charles –, könnte sich auch für andere Unterthemen wie Prinz Harry oder Meghan Markle interessieren. Anhand dieser Unterthemen versucht Google, die relevantesten Artikel und Videos zu identifizieren und anhand von Mustern zu erkennen, welche Inhalte ebenfalls interessant für den Nutzer sein könnten. Google betont, dass dies sowohl zeitlose Evergreen-Artikel wie auch News sein können.

In der Praxis kann man das gut in der mobilen Suche beobachten. (Siehe Abb. 2.3)

Google ordnet die Entität Parmesan als „Käse" ein. Das ist die Arbeit des Knowledge Graphs. Der Topic Layer ordnet Parmesan aber auch als Thema ein, in den grauen, oberen Kästen schlägt Google noch ein paar Unterthemen vor,

Parmesan
Käse

(Übersicht)   Nährwertangaben   Rezepte

Parmesan, umgangssprachlich auch Parmesankäse, von
italienisch Parmigiano, bezeichnet einen besonders zum
Reiben als Würzkäse geeigneten italienischen Extrahartkäse
aus Kuhmilch. Er hat mindestens 32 % Fett in der
Trockenmasse. Der namensgebende Parmigiano Reggiano
ist seit dem 30. Wikipedia

Herkunft der Milch: Milchkuh

Herkunftsland: Italien

Herkunftsregion: Parma, Reggio Emilia, Mantua, Modena,
Bologna

Reifegrad: 12-36 Months

Abb. 2.3 Infobox Parmesan

die Nutzer offenbar zu diesem Thema interessiert – etwa Nährwertangaben oder
Rezepte.

Die Unterthemen sind dabei nicht immer gleich, sondern ändern sich je nach
Hauptthema. Bei „Gouda" sieht die Suche etwa so aus. (Siehe Abb. 2.4)

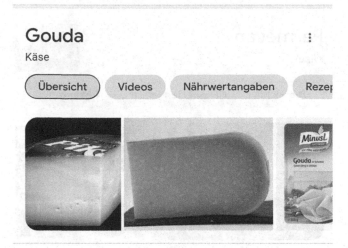

Gouda ist die Bezeichnung für verschiedene Schnittkäse, die nach dem Vorbild eines traditionell aus der niederländischen Stadt Gouda stammenden Käses produziert werden. Wikipedia

Abb. 2.4 Infobox Gouda

Nun schlägt Google Videos als Unterthema vor, da es offenbar eine große Anzahl an Videos zu dem Thema gibt und Google diese als relevantes Unterthema für Gouda ansieht.

Die Einführung des Topic Layers veränderte die Art und Weise, wie Google Informationen sortiert, dramatisch. Heute und wohl auch künftig geht es für Google nicht mehr primär darum, möglichst schnell ein Ergebnis für eine Suchanfrage zu liefern – es geht um die Frage, mit welcher Intention ein Nutzer etwas sucht, welche Themen ihn generell interessieren, und was ihn künftig interessieren könnte.

2.1.2 Googles General Guidelines

Die Google General Guidelines – vormals bekannt als Quality Rater Guidelines – ist ein von Google bereitgestelltes Schulungsdokument für Such-Evaluatoren

(Google 2022a). Das sind meist über externe Dienstleister eingesetzte Mitarbeiter, die anhand bestimmter Richtlinien die Suchergebnisse bewerten. Die Evaluatoren sind nicht direkt für das Ranking einer Seite verantwortlich. Sie sollen in Testumgebungen prüfen, wie sich etwa ein Algorithmus-Update auf das Produkt ausgewirkt hat.

Die Guidelines für die Evaluatoren geben jedoch Einblicke, wie Google die Qualität von Seiten bewertet. Ein wichtiger Faktor dabei ist die „Page Quality" (PQ), um die Qualität der jeweiligen Webseite zu bewerten. Die wichtigsten Faktoren für ein solches Ranking sind dabei (hier zusammengefasst):

Das Thema und der Zweck der Seite
Google schreibt dazu:

> „The purpose of a page is the reason or reasons why the page was created. Every page on the Internet is created for a purpose, or for multiple purposes. Most pages are created to be helpful for people, thus having a beneficial purpose. Some pages are created merely to make money, with little or no effort to help people. Some pages are even created to harm users."

Eine Seite habe laut Google also eine hohe Qualität, wenn sie für den Nutzer hilfreich ist und einen bestimmten Zweck erfüllt (eine Nachrichtenseite zählt explizit dazu). Außerdem muss das Thema der Seite erkennbar sein – und der Titel der Seite sollte es dem Nutzer leicht machen, dieses auch zu erkennen.

Die Qualität des Inhalts
Hier zieht Google mehrere Faktoren zur Bewertung heran:

- **Aufwand:** Wie sehr hat jemand daran gearbeitet, zufriedenstellende Inhalte zu erstellen? Wurden nutzwertige Funktionen für die Webseite gebaut? Wurden Texte selbst geschrieben oder nur aus dem Internet kopiert und übersetzt?
- **Originalität:** Bietet die Seite Inhalte, die einzigartig sind und die keine andere Seite hat?
- **Talent:** Hat derjenige, der den Inhalt erstellt, genug Fähigkeiten und Talent, um den Nutzer zufriedenstellende Inhalte zu liefern?
- **Genauigkeit:** Sind die Informationen auf der Seite sachlich korrekt und stimmen sie mit dem allgemein anerkannten Expertenkonsens überein?

Reputation und Glaubwürdigkeit der Seite/der Autoren
Wer betreibt die Seite, wie transparent sind solche Informationen für den Nutzer
sichtbar und wie glaubwürdig sind die Autoren?

Besonders beim diesem Punkt kommen nun zwei Konzepte von Google ins Spiel,
die maßgeblich zur Qualitätssicherung beitragen sollen: YMYL und E-E-A-T.

2.1.3   YMYL und E-E-A-T

Im Sommer 2018 wurde die SEO-Branche durchgeschüttelt: Google begann, eine
Reihe von Algorithmus-Updates – in der Branche als Medic-Update betitelt –
einzuspielen, die bei vielen Seiten große Verschiebungen in den organischen
Rankings bedeutete. Manche fielen ins Bodenlose, andere Seiten gewannen
plötzlich deutlich an Sichtbarkeit dazu.

Updates im Google-Algorithmus sind per se nichts Ungewöhnliches, Google
speist Hunderte davon pro Jahr ein, meist vom Nutzer unbemerkt. Doch neben
vielen kleinen Updates gibt es alle paar Monate ein größeres Core-Update, das
Gewinner und Verlierer oft deutlich aufzeigt und auch Auswirkungen auf Google
Discover hat. SEO-Experten werteten die Daten des Medic-Updates aus und die
Theorie entstand, dass die Konzepte E-E-A-T und YMYL eine wichtige Rolle
bei der Bestimmung von Gewinnern und Verlierern dieser Updates spielt.

YMYL steht für „Your money, your life" und ist Teil von Googles Qualitätssicherung bei Artikeln. Laut Googles General Guidelines können Seiten oder
Themen als YMYL eingestuft werden, wenn sie *„potenziell das zukünftige Glück,
die Gesundheit, die finanzielle Stabilität oder die Sicherheit einer Person beeinflussen können."* Weil ihr Einfluss auf das Leben der Nutzer groß ist, sind die
Qualitätsstandards bei Seiten mit diesen Themen besonders hoch.

Daher waren es auch in erster Linie YMYL-Webseiten, die das Medic-Update
am stärksten zu spüren bekamen – etwa Seiten mit medizinischen, juristischen
oder finanziellen Themen sowie Nachrichtenseiten und Seiten mit politischen
Inhalten.

Was Google dazu bewegt haben könnte, seine Bewertungskriterien zu ver-
schärfen, zeigt die US-amerikanische SEO-Expertin Lily Ray in einem Podcast
auf (Ray 2022). Sowohl Google als auch einige Social-Plattformen wie Facebook
und Twitter gerieten – besonders während den US-Wahlen 2016 und 2020 sowie
der Coronapandemie – immer wieder kritisch in den Fokus vieler Medien. Die
Vorwürfe:

- die Zunahme von Fehlinformationen und „Fake News" im Internet
- Anstieg von extremistischem Verhalten im Netz
- die Rolle von Onlinediensten bei der Beeinflussung von Wahlen
- Skepsis gegenüber der Qualität von medizinischen Informationen im Internet
- die Rolle von Fehlinformationen bei der Entstehung von Epidemien im Bereich der öffentlichen Gesundheit

Google hat zwar nicht bestätigt, dass die Updates in direktem Zusammenhang mit diesen Themen stehen – der Konzern sei sich aber der Probleme bewusst und ließ in einem Whitepaper für die Münchner Sicherheitskonferenz 2019 verlauten:

> „We have an important responsibility to our users and to the societies in which we operate to curb the efforts of those who aim to propagate false information on our platforms." (Google 2019b)

Doch wie entscheidet Google bei YMYL-Themen, welche Seiten eine hohe Qualität haben, und welche nicht? Hier kommt ein weiteres Konzept zum Einsatz: E-E-A-T. Der Begriff steht für Erfahrung, Expertise, Autorität und Vertrauen (Experience, Expertise, Authoritativeness und Trustworthiness) und dient als Richtlinie für die Bewertung von Suchergebnissen.

Erfahrung: Hat der Autor genug Erfahrung aus erster Hand, um über ein bestimmtes Thema zu schreiben? Hat er etwa das Produkt, über das er einen Test schreibt, tatsächlich selbst in der Hand gehalten?

Expertise: Hat der Autor genug Fachwissen zu einem bestimmten Thema?

Autorität: Ist ein Seitenbetreiber oder ein Autor für ein bestimmtes Thema in der Öffentlichkeit bekannt?

Vertrauen: Ist laut Googles General Guidelines der wichtigste Faktor im E-E-A-T-Ranking. Wie glaubwürdig ist ein Autor, eine Website oder ihr Inhalt im jeweiligen Themenbereich? Google unterteilt dies noch einmal in einzelne Unterkategorien, etwa, wie transparent die Webseite Informationen zu ihren Betreibern aufbereitet oder was unabhängige Quellen oder auch Nutzer über die Webseitenbetreiber sagen.

E-E-A-T soll also Autoren und Publisher identifizieren, die glaubwürdig sind und die den Nutzern Expertenwissen vermitteln. Wichtig ist hierbei: E-E-A-T ist mehr als ein Konzept zu verstehen, weniger als eine fest definierte Metrik zur konkreten Bewertung von Inhalten oder Publishern. Welche Faktoren darüber bestimmen, ob ein Publisher als glaubwürdig oder nicht eingestuft wird, ist nicht öffentlich bekannt.

Online-Marketing-Experte Olaf Kopp hat auf dem Blog der SEO-Agentur Aufgesang eine Auflistung möglicher Faktoren veröffentlicht, die zumindest eine Annäherung sind (Kopp 2023a):

- Anzahl der zu einem Thema veröffentlichten Inhalte des Autors/Publishers
- Sentiment rund um Mentions und Bewertungen des Autors/Publishers
- Bekanntheitsgrad des Autors/Publishers (Mentions)
- Kookkurrenzen des Autors/Publishers mit thematisch rel. Begriffen in Videos, Podcasts, Dokumenten & Suchanfragen
- Erfahrung des Autors aufgrund der Zeit
- Ankertexte in den Backlinks
- Anzahl Backlinks / Verweise zum Autor / Publisher
- Entfernung zu Trust-Seed-Sites im Linkgraph
- Zeit bis zur letzten Veröffentlichung des Autors/Publishers
- Anteil der Inhalte, die ein Autor/Publisher zu einem thematischen Dokumenten-Korpus beigetragen hat
- Klickrate auf den Inhalten eines Autors / Publishers
- Nennung des Autors/Publishers in Best-of- oder Award-Listen
- Zitate und externe Link-Referenzen zu autoritären Quellen
- Transparenz zum Publisher/Autor über Autorenprofile & Über-uns-Seiten
- Umfang des erstellten Contents sitewide
- Nutzung von https auf der Webseite
- Qualität des Contents in der Summe (Helpful Content)
- Knowledge Based Trust (Übereinstimmung mit der gängigen Meinung)
- Nutzer-Interaktionen in der Summe mit den erstellten Inhalten

Google selbst hat E-E-A-T nie explizit als Ranking-Faktor für Inhalte bezeichnet. Der wichtigste Faktor für Google bei der Ranking-Bewertung sei die Relevanz auf Dokumentebene, also wie sehr der Artikel inhaltlich zur jeweiligen Suchanafrage und Suchintention passt.

In einem weiteren Blogeintrag fasst Kopp das Konzept so zusammen:

> „Ähnlich wie die Cleaning Engine kann E-E-A-T als eine Art Layer verstanden werden, die auf eine nach einem Scoring sortierte Liste von Suchergebnissen angewendet wird. Anhand der Relevanz-Signale bewertet Google im Scoring-Prozess auf Dokumentenebene die Inhalte aus dem Index und prüft danach anhand der gesammelten Qualitäts-Signale die Expertise, Autorität und das Vertrauen der Quellen. Dementsprechend gibt es dann einen Ranking-Bonus oder ein Downgrade der zuvor nach Relevanz sortierten Suchergebnisse." (Kopp 2023b)

Im Sommer 2022 veröffentlichte Google ein Algorithmus-Update namens „Helpful Content Update", das all diesen Mechaniken noch einmal einen stärkeren Einfluss auf die Suchergebnisse gibt. Google änderte daraufhin auch seine Dokumentation für Discover und ließ durchblicken:

> „Über Discover werden jedoch alle möglichen Arten **nützlicher** Inhalte aus dem Web präsentiert, nicht nur neu veröffentlichte Inhalte." (Google 2023c)

Das Helpful Content Update hat also direkte Auswirkungen auf Google Discover, denn:

> „Sinn und Zweck des Hilfreiche-Inhalte-Systems ist es, stärker Inhalte zu belohnen, mit denen Besucher zufrieden sind – alle Inhalte, die die Erwartungen der Besucher nicht erfüllen, werden schlechter bewertet.
>
> Das System generiert ein websiteweites Signal, das neben vielen anderen Signalen berücksichtigt wird, die in der Google Suche (einschließlich Discover) verwendet werden. Das System erkennt automatisch Inhalte, die wenig Mehrwert bieten oder für Nutzer aus anderen Gründen nicht besonders hilfreich sind." (Google 2023f)

Es ist also sehr wahrscheinlich, dass all diese Algorithmen Teil von Googles Recommendation Engine für Discover sind. Die Kombination aus den gesammelten Daten und statistischen Berechnungen soll am Ende nicht nur dafür sorgen, dass der Nutzer Inhalte angezeigt bekommt, die ihn interessieren – Google versucht auch herauszufinden, für was er sich künftig interessieren wird bzw. welchen Wissenstand er bei bestimmten Themen schon hat.

Da sich das Buch in erster Linie an Publisher richtet, liegt der Fokus auf den inhaltlichen Richtlinien. Erwähnt werden sollte trotzdem, dass auch technische Aspekte der Webseite – etwa die sogenannten Core Web Vitals, mit denen Google Faktoren wie die Ladezeit, die Reaktionsgeschwindigkeit oder die Verschiebung des Seitenlayouts durch Anzeigen misst – eine große Rolle bei der Bewertung von Publishern spielen.

2.2 Wie wirken sich Googles Algorithmen auf Discover aus?

2.2.1 Discover, der Topic Layer und Entitäten

Nachdem nun ein grundlegendes Verständnis vom Konzept der Entitäten und dem Topic Layer da ist, stellt sich die Frage: Wie verbindet Google die verschiedenen Entitäten – etwa Themen und Unterthemen wie „Borussia Dortmund", „Paul McCartney", „Der Herr der Ringe" oder „Coronavirus" – mit dem einzelnen Nutzer, um ihm bei Discover einen auf ihn zugeschnittenen Feed mit Artikeln und Videos anzuzeigen?

Wer erst einmal ein Konto im Google-Universum hat – etwa, weil man Google-Produkte wie YouTube, ein Android-Handy oder Apps wie Google Maps nutzt – öffnet Google die Türen, um Daten zu sammeln und Interessen – oder konkreter: Themen – mit dem Profil zu verknüpfen. Google sammelt Daten darüber:

- was Nutzer bei Google suchen
- auf welchen Webseiten sie mit dem Chrome-Browser unterwegs sind
- welche Apps auf ihrem Android-Smartphone installiert sind
- welche Videos sie bei YouTube schauen
- welche Orte sie laut Google Maps wann besucht haben

Und vieles mehr. Mit diesen Daten kann Google für jeden Nutzer ein eigenes kleines Entitäten-Netzwerk basierend auf seinen Interessen aufbauen. Welche davon konkret für Discover genutzt und wie stark sie gewichtet werden bei der Erstellung der Feeds ist zwar unklar – doch dass welche genutzt werden kann man recht leicht untersuchen.

Als Beispiel soll das News-Panel bei Google Discover dienen (Siehe Abb. 2.5). Unten rechts gibt es drei Interaktionssymbole:

- Das Herz, mit dem man Google signalisieren kann, dass der Artikel interessant ist (und somit auch selbst die Möglichkeit hat, neue Themen in das Google-Profil hinzuzufügen)
- Das Teilen-Symbol, falls man den Artikel mit Freunden oder auf sozialen Netzwerken direkt teilen möchte
- Drei Punkte für die Einstellungen. Klickt man darauf, bekommt man ein weiteres Fenster angezeigt (Siehe Abb. 2.6)

FC Bayern: Sané ragt bei Auftaktsieg gegen Inter Mailand heraus

Sport1 · 12 h

Abb. 2.5 Discover-Panel Sport1

Hier kann der Nutzer signalisieren, dass er kein Interesse an einem Thema bzw. dem Unterthema oder dem Publisher hat. Man sieht zudem, welche Interessen Google dem Nutzer offenbar zugeschrieben hat – oder zumindest glaubt, dass diese Themen basierend auf seinen anderen Interessen relevant sein könnten: „FC Bayern" und „Sport".

Klickt man nun auf „Interessen verwalten" zeigt Google an, bei welchen Themen man bei Discover über das Herz-Symbol Interesse bekundet hat, und bei welchen nicht. Das lässt sich auch wieder ändern.

Wer einen Überblick über seine eigenen Discover-Themen bekommen möchte, kann (eigeloggt im Google-Konto) die Seite

https://myactivity.google.com/myactivity

aufrufen. Dort gibt es ein Feld „Aktivitäten durchsuchen" und die Möglichkeit, nach einzelnen Google-Produkten zu filtern – darunter auch Google Discover. Heraus kommt eine Liste mit Themen, zu denen Google dem Nutzer in den letzten Tagen und Wochen Artikel angezeigt hat – mit einem Hinweis, welche er davon „angesehen" hat.

Wer grundsätzlich einen Eindruck davon bekommen möchte, welche Interessen Google einem Profil auch Abseits von Discover zuschreibt, besucht:

https://adssettings.google.com/authenticated

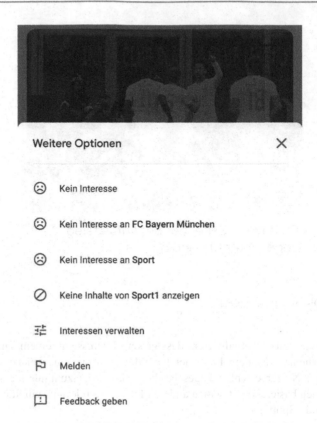

Abb. 2.6 Discover-Panel mit Optionen

Hier sieht man, welche Daten Google für die personalisierte Werbeausspielung gesammelt hat – und welche Interessen dem Nutzer zugeordnet sind. Man kann die personalisierte Werbung dort auch ausschalten bzw. einschränken.

Abschließend bleibt noch die Frage: Wie sieht Google Discover aus, wenn sich der Nutzer nicht mit seinem Google-Account anmeldet – also die Recommendation Engine nichts über die Interessen des Nutzers weiß?

Bei einem Test mit einem neu aufgesetzten Samsung Galaxy S21 ohne Anmeldung bei einem Google-Account wird ebenfalls ein Discover-Feed angezeigt, allerdings ein reduzierter und thematisch generischer. Sowohl die Schlagzeilen-Panels als auch die Showcase-Panels sind auch ohne Profil sichtbar, außerdem sind im Test YouTube-Videos sehr präsent, die meiste Zeit waren vier Video-Panels im Feed. Lädt man diesen einmal neu, werden meist nur ein oder zwei Artikel durch neue ersetzt, manchmal auch gar nicht – und das über 24 Stunden, bevor der Feed mit neuen Artikeln wieder aufgefrischt wird.

Inhaltlich scheint Google den Feed mit Themen zu mischen, die aktuell im Trend sind, die sich lokal in der Stadt abspielen (obwohl bei der Einrichtung des Smartphones kein GPS angeschaltet wurde, scheint Google trotzdem zu wissen, dass der Standort Berlin war), Alltags- und Gesundheitstipps sowie Artikel über Prominente.

Häufig wiederkehrende Themen sind etwa Anfang Februar 2023 beim Test:

- YouTube-Videos der RTL-Show „Deutschland sucht den Superstar", deren aktuelle Staffel zum Zeitpunkt des Testes im Fernsehen lief
- Hinweise auf Angebote bei Discountern („Großer Marken-Werkzeugkoffer" zum „starken Preis") sowie lokalen Händlern („Cooles Sofa" zum „Mega-Preis")
- Gesundheitsthemen („Fettleber erkennen", „Symptome von Leukämie")
- Lokale Inhalte („2 Zimmer ohne WBS im Altbau ab sofort", „Hertha-Horrorzahl entzaubert Fredi Bobic", „Anwohner trauern um rosa Kirschbäume")
- Artikel zum Thema Rente („In den nächsten Tagen kommt besondere Post von der Rentenversicherung", „Bürgerrente soll eingeführt werden")
- Artikel über Prominente („Sophia Thomalla ist unheilbar krank – und ihr Freund Alexander Zverev flippt aus", „Florian Silbereisen: Wohnt sie schon bei ihm?", „Michael Wendler & Laura Müller: Giftige Glückwünsche: Erzfeind Oliver Pocher gratuliert zur Schwangerschaft")
- Zeitlose Artikel zu Alltagsthemen („Heimlicher Stromfresser oder nicht? Wie teuer ist es eigentlich, wenn das Ladekabel in der Steckdose bleibt?", „Wert der Euro Starterkits: Diese zwei sind besonders wertvoll", „Mit diesen 3 Sternzeichen ist Diskutieren sinnlos")
- „Diskussionen im Netz": Artikel, die inhaltlich einen Post oder ein Kommentar aus Sozialen Netzwerken – meist Twitter und Facebook – behandeln („Mann findet Schlecker-Kassenzettel vom 4.10.2000 und wundert sich über ein Produkt besonders", „Kaufland-Aushang sorgt für Diskussion: „An die Leute, die nicht zu viel Geld haben"")
- Naturphänomene („Date mit Aurora: Elf Orte, wo man das Nordlicht gut beobachten kann", „Astronomen: Als ob ein Stück aus der Sonne herausgebrochen wurde")

Die Quellen sind dabei bunt gemischt, große Qualitätsmedien kommen aber in erster Linie in den Schlagzeilen-Panels vor. Viele Artikel kommen von kleinen Regionalportalen, die aber thematisch breit aufgestellt sind und Artikel für nahezu jeden Themenbereich produzieren.

2.2.2 Was gibt Google an Informationen heraus?

Google Discover stellt Medienschaffende immer wieder vor Rätsel. Zwar gibt es offizielle Richtlinien von Google, welche Inhalte Discover akzeptiert und welche nicht. Doch wenn es so leicht wäre, bräuchte es dieses Buch nicht.

Wie genau man das Rankingverhalten beeinflussen kann, darüber ist wenig bekannt – und es ändert sich wahrscheinlich auch immer wieder. Denn Googles Updates würfeln nicht nur regelmäßig die organischen Rankings neu aus, sondern haben auch Einfluss auf Discover.

Das, was wir über Google Discover wissen, wissen wir meistens von SEO-Experten, die tief in die Materie eingestiegen sind. Die Daten sammeln und aufbereiten, Muster erkennen und Artikel optimieren. Doch bevor die Theorien der Experten näher beleuchtet werden, soll aufgezeigt werden, was Google ganz offiziell preisgibt.

Laut Googles Discover-Inhaltsrichtlinien (Google 2023a) dürfen Inhalte nicht gegen folgende Richtlinien verstoßen:

- Gefährliche Inhalte
- Irreführende Praktiken
- Belästigende Inhalte
- Hasserfüllte Inhalte
- Manipulierte Medien
- Medizinische Inhalte
- Sexuell explizite Inhalte
- Terroristische Inhalte
- Gewaltdarstellungen
- Vulgäre und derbe Sprache

Außerdem müssen Werbeinhalte – darunter auch Artikel mit Affiliate-Links – als solche gekennzeichnet werden. In der Praxis ist das bei manchen Artikeln unten als „Transparenzhinweis" gekennzeichnet – häufig aber auch nicht.

„Irreführende Inhalte" – laut Google „*Vorschauinhalte, die Nutzer zur Interaktion verleiten, indem Details vorgetäuscht werden, die im tatsächlichen Inhalt nicht behandelt werden"* – sind ebenfalls nicht gestattet. Wie Google in der Praxis damit umgeht, dazu mehr in Abschn. 3.2.1.

Außerdem sollten die Seiten *„Eindeutige Daten und Verfasserzeilen, Informationen zu den Redakteuren, der Publikation und dem Verlag oder Webpublisher, Informationen zum Unternehmen oder Netzwerk und Kontaktdaten"* enthalten. Weitere Hinweise über mögliche Rankingfaktoren von Google Discover liefert ein Patentamtseintrag namens „Document ranking based on entity frequency" von Google aus dem Jahr 2014 (US9679018B1) (Google 2014). Hier heißt es:

> „By considering user interests in conjunction with the frequency of those interests in a set of recent documents, for example, interesting news articles with uncommon subject matter may surface which otherwise may have been buried in a stream of other articles."

Hier spricht Google speziell von „ungewöhnlichen Themen", die man Nutzern zu einem bestimmten Interesse ausspielen will und die sonst „im Strom anderer Artikel untergehen könnten". Tatsächlich kommen immer wieder Nischen-Artikel von kleinen Fachseiten oder Blogs bei Discover durch.

Weiter heißt es:

> „As users may generally be interested in documents that are about entities of interest that are rarely mentioned, an inverse document frequency value may be used as a measure of possible interestingness of an entity to a user."

Hier erläutert Google, dass eine inverse Dokumenthäufigkeit als „Maß für eine mögliche Interessantheit einer Entität für einen Nutzer verwendet wird." Der Begriff „inverse Dokumentenhäufigkeit" ist Teil des sogenannten TF-IDF-Maßes zur Beurteilung der Relevanz von Dokumenten. Manche Experten vermuten, Google würde das TF-IDF-Maß bei einem Artikel als Rankingfaktor nutzen. Der Blog SEO-Südwest beschreibt die Kennzahl so:

> „TF*IDF ist eine Kennzahl, die im Information Retrieval zur Bestimmung der Relevanz eines Dokuments für bestimmte Terme verwendet wird. Dabei steht „TF" für Termfrequenz und „IDF" für Inverse Document Frequency. Umso häufiger ein Term in einem Dokument vorkommt, also umso höher der Wert für TF ist, und umso seltener der Term in der Gesamtheit aller Dokumente erscheint (ausgedrückt durch den Wert für IDF), desto größer ist der Wert für TF*IDF und umso relevanter gilt das betreffende Dokument für den entsprechenden Term." (Kunz 2019)

Lange Zeit gehörte eine TF-IDF-Analyse zum Handwerk vieler SEOs um zu überprüfen, welche Terme in einzelnen Dokumenten zu häufig oder zu selten vorkommen. Johannes Müller von Google äußerte sich auf Nachfrage in einem Webmaster-Hangout (Müller 2019) zurückhaltend, ob Google das Maß tatsächlich anwendet – sagte aber, dass es ohnehin nicht möglich sei, darauf zu optimieren, weil man dazu alle Inhalte aus dem Index kennen müsste. Wie wichtig TF-IDF heutzutage tatsächlich noch ist, ist unter SEO-Managern umstritten.

Das stellt auch die alte SEO-Regel infrage, nach der mehr von den immer gleichen Keywords im Artikel auch zu einem besseren Ranking führen. Hier sollte man mehr in Themen und Unterthemen denken – greift ein Artikel über ein Thema im Text auch einige der relevanten Unterthemen auf? Mehr zu Themen und dem Topic Layer gibt es in Abschn. 2.1.1.

Was man schlussendlich aus dem Patent herauslesen kann: Google scheint nicht abgeneigt, auch „ungewöhnliche" und nischige Themen bei Discover anzuzeigen, wenn es glaubt, dass es das Nutzerinteresse damit treffen könnte. Möglich, dass TF-IDF dabei hilft, das Thema und den Zweck einer Seite (Abschn. 2.1.2) zu erkennen.

2.2.3   Gibt es Ranking-Faktoren bei Google Discover – und welche Rolle spielen YMYL und E-E-A-T dabei?

Neben Googles wenig detaillierten Hinweisen haben SEO-Experten inzwischen – abgeleitet von vielen Tests, Beobachtungen und Datenanalysen – einige „grundsätzliche Regeln" über die Funktionsweise von Discover definiert.

Eine gute Übersicht gibt es auf dem Blog der Agentur Amsive von SEO-Expertin Lily Ray, die die Ranking-Faktoren als „Conventional Wisdom" bezeichnet (Ray 2021a). Die Grafik aus Abb. 2.7 basiert auf ihren Erkenntnissen.

Die ersten beiden Ranking-Faktoren sind technischer Natur:

Die Seite sollte „mobilfreundlich" sein, der Inhalt also optimiert für Smartphones. Sie sollte eine hohe Ladegeschwindigkeit haben, die Schrift sollte groß genug sein, um sie auch auf kleinen Displays zu lesen, störende Overlays oder Anzeigen sollten vermieden werden, ebenso Flash-Elemente. Gern gesehen, aber keine Pflicht: Googles eigener Standard für „beschleunigte Mobilseiten" AMP (Accelerated Mobile Pages).

Außerdem sollte das Artikelbild eine hohe Qualität und mindestens eine Größe von 1200 Pixel haben. Zudem sollte das HTML-Dokument der Seite einen Meta-Tag mit der Angabe max image-preview:large – also einem Hinweis für Google, dass die größtmögliche Bildvorschau angezeigt werden kann – enthalten (Abschn. 3.2.3).

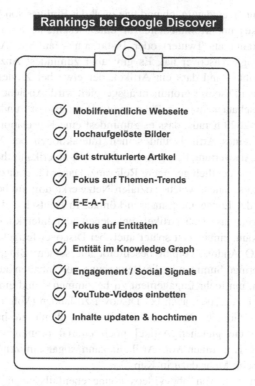

Abb. 2.7 Infografik Ranking-Faktoren

Für die Texte gilt, ähnlich wie für die organische Suche: Sie sollten gut strukturiert sein nach den klassischen Regeln des Onpage-SEO mit h-Tag-Zwischenüberschriften, einem Titel mit den wichtigsten Keywords sowie einer Meta-Description.

Weil Google Discover auch News ausspielt, haben Artikel mit trendenden Themen größere Chancen, dort prominent ausgespielt zu werden. Was Google darunter verstehen könnte, zeigt Abschn. 3.5.

Auch das E-E-A-T-Konzept (Abschn. 2.1.3) spielt bei Discover sehr wahrscheinlich eine Rolle. Seiten, die für Google eine hohe Glaubwürdigkeit bei bestimmten Themen haben, werden möglicherweise priorisiert. Wie man herausfinden kann, welche Entitäten Google einer Seite zuordnet (also welche „thematischen Autoritäten" die Seite hat), dazu mehr in Abschn. 3.1. Auch scheint Google Seiten und Autoren zu bevorzugen, die selbst eine Entität im Knowledge Graph sind.

Bis heute ist nicht eindeutig, ob und wie groß der Einfluss von Social Signals – also Shares, Likes und Kommentare für eine Geschichte etwa auf Facebook, X (vormals bekannt als Twitter) oder Instagram – auf die Ausspielung von Artikeln bei Google Discover hat. Es gibt aber zumindest Anzeichen, dass es einen Einfluss gibt – und dass ein Artikel, der etwa bei X viele Interaktionen bekommt, auch bei Discover prominent ausgespielt wird. Audience-Development-Experte John Shehata nennt das Phänomen „Buzz Factor" und fand in einem Versuch im Jahr 2020 heraus, dass es zumindest eine Korrelation zwischen dem Discover-Traffic eines Artikels und seinen Interaktionen bei X gab (Shehata 2021). Shehatas Auswertung bezog sich auf den US-amerikanischen Markt, X hat in Deutschland eine deutlich geringere Relevanz. Daher rät er dazu, sich in jedem Land einzeln anzuschauen, welche sozialen Netzwerke dort am beliebtesten sind, und wo Google das Engagement messen könnte. In Deutschland berichten manche SEO-Manager, dass sich Artikel, bei denen viel Interaktionen und Traffic über Facebook kam, einige Zeit später auch bei Discover festgesetzt hätten.

WordLift-CEO Andrea Volpini beschreibt auf seinem Blog, es könne sich sogar lohnen, geringe Summen in die Bewerbung von Inhalten auf Facebook und X zu investieren, um mehr Engagement zu bekommen – und einzelnen Artikeln so einen Anschub zu geben, auch bei Discover zu landen (Volpini 2021).

Auch scheint Google Discover kein Problem damit zu haben, in zeitlichen Abständen die gleichen Artikel noch einmal prominent zu platzieren. Das regelmäßige Hochtimen von Artikeln kann sogar ein zentraler Teil einer Trafficstrategie sein. Mehr dazu in Kap. 3.3.

Das Einbetten von YouTube-Videos könne ebenfalls einen Vorteil bringen, sofern sie thematisch zum Artikel passen.

Wie beeinflusse ich Google Discover? 3

3.1 Themenfindung und „thematische Autoritäten"

Abschn. 2.1.2 zeigt, dass Google zunehmend Wert darauf legt, Fake News und unseriöse Nachrichtenquellen zu identifizieren und aus Google-Produkten auszuschließen. Einzelne Publisher werden mit Themen verknüpft, von denen Google glaubt, dass sie Experten in der Redaktion und damit eine hohe Glaubwürdigkeit haben.

Leider lässt sich nicht so einfach nachschauen, welche „thematischen Autoritäten" eine Webseite oder ein einzelner Autor hat – und wahrscheinlich ändert sich das auch mit der Zeit. Manchmal sind die Autoritäten auch nicht so richtig nachvollziehbar, und eine Webseite mit dem Schwerpunkt Technik wird mit einer Geschichte über Haustiere ausgespielt.

Laut SEO-Experte Valentin Pletzer können die Autoritäten entscheidend sein, um bei Google Discover prominent ausgespielt zu werden. Es könne jedoch eine ganze Weile dauern, bis man sie aufgebaut hat. Im Podcast „SEO House" sprach Pletzer – damals noch Head of SEO bei Burda Forward – über das Onlineportal EFahrer.com, das eine starke Autorität beim Thema E-Autos hat. Rund 1 bis 1,5 Jahre hätte es gedauert, bis der Discover-Traffic angezogen hätte. Thematische Autoritäten lassen sich also nicht innerhalb weniger Wochen aufbauen. Das könne laut Get-Traction-Geschäftsführer Jens Fauldraht auch frustrierend sein, der im selben Podcast meint, man müsse schon mal „eine Zeit lang paddeln", bevor man etwas sieht.

Für mache Themen wird man wahrscheinlich auch nie eine Autorität aufbauen. Der frühere Head of SEO vom Handelsblatt, Daniel Schüller, erzählt in der gleichen Folge, dass die Marke zwar stark bei Wirtschaftsthemen wie Finanzen und Unternehmen sei, es bei Politikthemen aber schon „dünn wird".

S. Plöger, *Google Discover verstehen und nutzen*, essentials, https://doi.org/10.1007/978-3-658-42305-6_3

Abb. 3.1 Code Medium
Blog

Ein spannender – wenngleich auch etwas komplexer Ansatz – herauszufinden, wie Google einen geschriebenen Text versteht, ist die Analyse per Cloud Natural Language API. Google forscht bereits seit vielen Jahren daran, natürlich Sprache zu verstehen und zu interpretieren – und mit der API kann man sich Zugang zu diesen Analysen verschaffen.

Wer damit einmal experimentieren und einen Einblick bekommen möchte, wie Google Texte mit Entitäten interpretiert, findet nach dem Einscannen des QR-Codes eine Schritt-für-Schritt-Anleitung für die Analyse eines Textes mit der Cloud Natural Language API. (Abb. 3.1)

Man kann aber auch ohne Tools zumindest eine Annäherung bekommen, welche Themen am besten funktionieren, in dem man sich über die Google Search Console eine Liste mit Artikeln herunterlädt, die in den vergangenen Monaten am meisten Traffic geholt haben – und dort nach wiederkehrenden Themen suchen. Hat man erst einmal eine Annäherung, kann man zur Themenfindung mit einer Funktion im Chrome Browser schauen, welche Artikel dazu in den letzten Stunden, Tagen und Wochen bei Discover ausgespielt wurden – vollständig sind die Ergebnisse aber nicht, sie dienen eher der Inspiration.

Dazu nutzt man im Chrome-Browser die Entwicklertools, die sich mit einem Klick oben rechts auf die drei Punkte und unter „Weitere Tools" öffnen lassen. Wichtig ist nun, dass die Ansicht auf „Mobile" gestellt ist.

Dann fügt man folgenden Link in die URL-Leiste ein:

https://www.google.com/search?q=query&ibp=tpf;cl_tp:srp,ui_tp:gst&hl=de&tbs=qdr:d

Nun müssen noch folgende Parameter angepasst werden:

- Das q steht für **„query",** also die Anfrage an die Datenbank. Hier trägt man den Suchbegriff ein, den man untersuchen möchte
- hl steht für **„host language"** und gibt an, welche Sprache die Ergebnisse haben sollen

- tbs = qdr gibt den **Zeitraum** an, wobei d für den vergangenen Tag, w für die vergangene Woche, m für den vergangenen Monat und y für das vergangene Jahr steht

---

Beispiel: Tesla

Möchte man etwa schauen, welche deutschsprachigen Artikel zum Thema „Tesla" Google im vergangenen Monat bei Discover ausgespielt hat, muss die URL lauten:

https://www.google.com/search?q=tesla&ibp=tpf;cl_tp:srp,ui_tp:gst&hl= de&tbs=qdr:m ◄

Die Auswertung gibt einen Einblick in die Artikelauswahl bei Google Discover und eine Inspiration, wie etwa Überschriften und Bilder von unterschiedlichen Publishern gewählt werden – mehr aber auch nicht. Über den Erfolg einzelner Artikel sagt sie nichts aus.

Es kann sich zwar lohnen, einfach auf die gleichen Geschichten aufzuspringen und sie leicht umzuschreiben, Google belohnt jedoch einzigartige Geschichten. Passiert etwa ein Autounfall, ist besonders für kleine Publisher oder Blogs die Wahrscheinlichkeit gering, mit der reinen Meldung bei Discover zu landen. Zu stark ist die Konkurrenz und Glaubwürdigkeit großer journalistischer Marken. Gibt es aber einen eigenen Dreh – ein Interview mit einem der Betroffenen oder eine exklusive Information – belohnt Google diese Diversität bei der Berichterstattung gelegentlich. Oder, wie es Google in den Discover-Guidelines formuliert:

„Erstelle Inhalte, die zeitgemäß sind, eine interessante Geschichte erzählen **oder einzigartige Einblicke bieten.**" (Google 2023c)

Es ist auch möglich, neue thematische Autoritäten hinzuzufügen, wenngleich mühsam und ohne Garantie, dass es funktioniert. Autoren könnten etwa versuchen, eine eigene Entität im Knowledge Graph zu werden. Ein Wikipedia-Eintrag könnte dabei helfen, Google holt dort häufig Informationen. Schreibt dieser Autor – der durch die Nennung in einzelnen Artikeln oder auf Autoren-Seiten und dem Impressum mit der Webseite verknüpft ist – regelmäßig zu einem bestimmten Thema gute Artikel, könnte dieses mit ihm verknüpft werden – und somit auch mit dem Publisher, für den er arbeitet.

Woher man weiß, dass Google einen Autor als Entität gespeichert hat? Hier gibt es Hinweise bei der Google-Suche des Namens des Autors – etwa, wenn ein Infokasten in der organischen Suche auftaucht.

▶   **Tipp** Ein erster Schritt für eine Discover-Strategie sollte am besten sein, zu verstehen, wo man bereits Autoritäten hat – und diese zu verstärken, statt direkt neue aufzubauen.

3.2   Die Arbeit am Artikel

3.2.1   Überschriften

Hat man herausgefunden, mit welchen Themen man besonders gut bei Discover punkten kann, kommt es zur Königsdisziplin: dem Verkaufen des Artikels. Google Discover ist ein sehr gut besuchter Basar, auf dem fast jeder seine Waren ausstellen kann. Auf diesem Basar gibt es jedoch sehr viele Händler, die ähnliche Produkte verkaufen, teilweise sogar die gleichen. Hier hilft dann oft nur, möglichst laut zu schreien und sein Produkt möglichst knallig anzumalen, damit es aus der Masse hervorsticht und Kunden anlockt.

Discover funktioniert nicht wie eine Google-Suche. Der Nutzer sucht nicht aktiv nach einem Thema, sondern wird von Google mit Vorschlägen „überrascht". Eine Flut neuer Artikel erwartet ihn jedes Mal, wenn er den Feed öffnet – doch auf was soll man klicken? Mehr als ein Bild und eine Überschrift gibt es nicht. Wer also den begehrten Klick holen will, muss sich damit besonders viel Mühe geben.

Doch bevor man sich Gedanken dazu machen kann, wie die perfekte Zeile aussieht, muss man erst einmal wissen, welche Überschrift Google überhaupt ausspielt – ganz eindeutig ist das nicht. In vielen Fällen sehen die Nutzer die Zeile, die im Head-Bereich des HTML-Dokuments der Seite mit einem Title Tag als Haupttitel der Seite ausgezeichnet ist. Ausnahmen bestätigen die Regel: Es tauchen in selteneren Fällen auch Überschriften auf, die etwa den Überschriften-Tag h1 oder h2 bekommen haben.

Eine Theorie, die sich beobachten lässt: Discover nimmt sich manchmal die Zeile, die einen Open Graph Tag hat (im HTML-Dokument als og:title ebenfalls im Head-Bereich hinterlegt). Die Überschrift mit dem Open Graph Tag wird in der Regel von Social-Plattformen wie X oder Facebook für ihre Teaser verwendet,

Bundesbank-Vorstand sagt, wie lange wir noch mit Bargeld zahlen können

FOCUS online · 4 h

Abb. 3.2 Discover-Panel Focus Online

in den meisten CMS-Systemen ist es daher auch möglich, eine eigene Zeile zu vergeben.

Viele Publisher nutzen für den Open Graph Tag die gleiche Überschrift wie für den Title Tag – es kann sich aber lohnen, eine eigene Zeile zu vergeben, wie in Abb. 3.2 zu sehen ist.

Im Panel wird ein Artikel von Focus Online mit der Überschrift „Bundesbank-Vorstand sagt, wie lange wir noch mit Bargeld zahlen können" angezeigt. Abb. 3.3 zeigt das HTML-Dokument des Artikels.

Google hat hier für das Panel die Zeile die mit dem Open Graph Tag verwendet, die sich von der Zeile mit dem Title-Tag („Mit Bargeld zahlen: Bundesbank-Vorstand sagt, wie lange das noch geht") unterscheidet.

▶ **Tipp** Es lohnt sich, unterschiedliche HTML-Tags für die Zeilen auszuprobieren und zu untersuchen, was Google davon am häufigsten nutzt. Eine eigene Zeile für Discover, die sich von der Zeile für das organische Ranking unterscheidet, ist sinnvoll, da beide auf unterschiedliche Ziele einzahlen. Mehr dazu in Abschn. 3.2.2.

```
<!DOCTYPE html PUBLIC "-//W3C//DTD XHTML 1.0 Strict//EN" "http://www.w3.org/TR/xhtml1/DTD/xhtml1-strict.dtd">
<html xmlns="http://www.w3.org/1999/xhtml" xmlns:fb="http://ogp.me/ns/fb#" xmlns:og="http://opengraphprotocol.org/:
<head><title>Mit Bargeld zahlen: Bundesbank-Vorstand sagt, wie lange das noch geht - FOCUS online</title>
  <meta http-equiv="content-language" content="de"/>
  <meta name="description" content="Johannes Beermann ist seit acht Jahren im Vorstand der Deutschen Bundesbank und :
  <meta property="og:description" content="Johannes Beermann ist seit acht Jahren im Vorstand der Deutschen Bundesba
  <meta name="twitter:description" content="Johannes Beermann ist seit acht Jahren im Vorstand der Deutschen Bundesb
  <meta name="robots" content="index,follow,max-snippet:-1,max-image-preview:large,max-video-preview:-1"/>
  <meta name="pragma" content="no-cache"/>
  <meta name="cache-control" content="no-cache"/>
  <meta name="referrer" content="origin-when-cross-origin"/>
  <meta name="date" content="2022-12-21T10:33:27+01:00"/>
  <meta name="author" content="FOCUS online"/>
  <meta name="msvalidate.01" content="18FEC93808733136F33F992192FA967D"/>
  <meta property="fb:admins" content="100001540876802, 1679965273"/>
  <meta property="fb:pages" content="37124189409, 41687535030985, 25744450103187, 4927235607548144, 41866688171426
  <meta property="og:type" content="article"/>
  <meta property="og:url" content="https://www.focus.de/finanzen/banken/20-jahre-euro-bundesbank-vorstand-sagt-wie-l.
  <meta property="og:title" content="Bundesbank-Vorstand sagt, wie lange wir noch mit Bargeld zahlen können"/>
  <meta property="og:site_name" content="FOCUS online"/>
```

Abb. 3.3 HTML-Code Focus Online

Doch wie sieht sie inhaltlich aus, die perfekte Zeile für Discover? Auch hierzu haben sich SEO-Experten Gedanken – und Experimente – gemacht.

Die US-Agentur Amsive hat 2021 12.142 URLs von 76 Domains analysiert, die Traffic von Google Discover bekommen haben, und das 16 Monate lang (Ray 2021a). Ergebnis: Artikel, die über Discover mehr als 500.000 Visits bekommen haben, enthalten durchschnittlich:

- 17 Wörter in der Zeile
- 740 Wörter im Artikel

Artikel, die bei Discover eine Click Through Rate (CTR) von über 25 % geholt haben, enthalten durchschnittlich:

- 12 Wörter in der Zeile
- 816 Wörter im Artikel

SEO-Experte Valentin Pletzer sieht die optimale Titel-Länge bei 100 Zeichen (wenn sie bei Discover über 3 Absätze geht). (Pletzer 2020)

▶ **Click Through Rate (CTR)** Die CTR bezeichnet die Anzahl der Klicks im Verhältnis zu den Impressionen – also der Anzahl, wie oft ein Artikel oder eine Anzeige oder ein Video bei einem Nutzer angezeigt wurde.

Wird etwa ein Discover-Panel mit einem Artikel an 100 Nutzer ausgespielt, und 5 davon klicken drauf, beträgt die CTR 5 %.

Auch fand Amsive heraus, dass „höchst emotionale" Inhalte am besten funktionieren. Diese Themen sorgten für eine CTR über 25 %:

- Betrugsskandal eines Pastors
- Pornografische Symbole in Kinderfilmen
- Scheidungen von Prominenten
- Prominente bekommen Wutausbrüche
- Tod von Politikern
- Prominente entlassen Mitarbeiter
- Obduktionsergebnisse von verstorbenen Promis
- Skandalöse Fotos von Promis
- Drogenstatistiken
- Beziehungstipps

Hier muss allerdings erwähnt werden, dass nur englischsprachige Überschriften untersucht wurden und diese einen Vergleich zu deutschsprachigen Zeilen nicht 1:1 standhalten. Die Untersuchung fand auch vor dem letzten Core-Update statt, sodass sich im Bezug auf die Zeilen inzwischen ein paar Dinge geändert haben könnten.

Auch das Thema Clickbait wurde von Amsive untersucht. Abschn. 2.2.2 hat gezeigt, dass Google „Irreführende Inhalte" ablehnt. Was Google nun im Detail darunter versteht, bleibt unklar. Der Test zeigt aber: Am Ende sind es sehr spitze Zeilen mit verstärkenden Adjektiven, die für eine hohe CTR sorgen.

Laut Amsive hatten Zeilen mit diesen Wortkombinationen die höchste CTR:

- Dieser herzzerreißende Moment ...
- 30 Mio. $, $300 Mio., $280 Mio. ...
- 45 Pillen pro Tag ...
- Zusammengefasst in einem Wort ...
- Hat sich auf der Straße übergeben ...
- Unter dieser einen Bedingung ...
- Bestätigt das Gerücht ...
- Zeigt uns ihre echte Haarfarbe ...
- In diesem Moment realisierte er ...
- Forderte diese große Änderung ...
- Warum ihr ... sofort verkaufen solltet ...
- Verkündete eine erschreckende Nachricht ...
- Dieses riesige Problem ...

Auch Fragen würden oft sehr gut funktionieren:

- Hilft ... gegen Angst?
- Hat der Film ... Inhalte für Erwachsene?
- Hat Trump ... gesagt?
- Zeigt dieses Foto ...?
- Hat ... eine Gehaltserhöhung bekommen?

Eine Analyse der deutschen Inhalte bei Discover – die sich schon erahnen lässt beim Versuch aus Abschn. 2.2.1 – zeigt: Immer wieder werden im Discover-Feed Artikel angezeigt, die zumindest an der Grenze des Clickbaits sind und entweder den Inhalt aufbauschen („Euer Ernst?" Die Songzeile eines Sängers sorgt für „Fan-Wut" – zitiert werden drei Kommentare von unbekannten Leuten aus verschiedenen sozialen Netzwerken) oder eine ungenaue Faktenlage haben

(Die neue Freundin eines Prominenten „wohnt schon bei ihm" – dabei hat dieser Promi nie bestätigt, dass er eine neue Freundin hat. Die Quelle der Geschichte sind „Anwohner des Dorfes". Mehr Informationen liefert der Text nicht).

3.2.2 Das Organic-Discover-Problem

Die Optimierung der Discover-Panels widerspricht der klassischen Theorie von der Optimierung von Überschriften bei Google. So sollten statt knackiger Zitate möglichst viele Keywords im Titel stehen. Statt den Inhalt des Textes weitestgehend offen zu lassen, sollten konkrete, aus Keywordanalysen herausgearbeitete Suchintentionen benutzt werden.

Das Problem ist dabei: Google nutzt sowohl für die organischen Suchergebnisse als auch für Discover meistens die Überschrift aus dem Title-Tag der Webseite. Diese Zeile muss aber bei zwei komplett unterschiedlichen Produkten funktionieren. Mal soll sie eine konkrete Suchabfrage abbilden, mal möglichst klickträchtig den Nutzer in einen Artikel hineinziehen. Wie löst man dieses Problem?

Zu einer Discover-Strategie gehört auch, sich von vornherein zu überlegen, wo dieser Artikel seinen Traffic holen soll. Soll er langfristig bei Google in den organischen Rankings platziert werden, sollte eine Keyword-Analyse und regelmäßige Pflege des Artikels Pflicht sein.

Es gibt aber auch Artikel – meist kurzlebige News – die gar nicht das Potenzial haben, für einen längeren Zeitraum organisch zu ranken. Google passt die organischen Suchergebnisse oft mehrmals am Tag an bei Themen, die einen hohen Nachrichtenwert haben, und bei denen sich Sachlagen innerhalb von Stunden oder gar Minuten wieder ändern können. Hier sollte man direkt auf Discover optimieren, um kurzfristig hohe Zugriffszahlen zu bekommen. Es gibt Themen, die bei Discover sehr gut funktionieren und organisch nicht. Und umgekehrt.

Themen, die besonders auf Prominente abzielen – etwa alles zu Prinz Harry und Meghan Markle, Scheidungen von Promi-Paaren, Bilder von Promi-Kindern, in Deutschland besonders im Januar das Dschungelcamp – erzielen oft eine hohe CTR. Aber auch Themen wie die Zeitumstellung, Nahrungsergänzungsmittel gegen bestimmte Symptome, Tiny Houses oder Gehälter für bestimmte Jobs sind in erster Linie Discover-Themen und haben geringe Sichtbarkeit im organischen Ranking.

Umgekehrt gibt es Themen, die organisch besser funktionieren. Die Agentur Amsive hat auch das untersucht (Ray 2021b) und nennt als Beispiel Themen wie „Wie drucke ich Fotos auf dem iPhone?", „Wie lese ich einen Gehaltscheck?",

„Haben ältere Haustiere mehr Hunger?" oder „Wir finde ich heraus, ob jemand auf MDMA ist?" – also ganz konkrete Fragen, für die ein Nutzer in einem bestimmten Moment eine Antwort sucht.

Die Theorie von Amsive geht so weit, dass Artikel, für die es schwer wird, beim organischen SEO zu ranken, offenbar zu Google Discover geschoben werden. Amsive nennt sie „verbotene Themen", also Themen, denen Google wenig Raum in den organischen Rankings gibt, etwa „Sind Vegetarier vor Corona geschützt?", „Verlängern Omega-3-Fettsäuren das Leben?", „Angstbewältigung" oder „CBD und Herzerkrankungen" – Themen, die sehr stark in den Bereich YMYL fallen.

Bei manchen Themen stehen die Chancen gut, sowohl organisch als auch bei Discover zu ranken. Es kommt dabei aber sehr auf die Geschichte an. Ein Beispiel zum Thema „Hund" zeigt: Organisch funktionieren Themen wie „Haustier-Versicherungen", „Futter für Haustiere" oder „Haustier-Medizin und Gesundheit" gut, bei Discover hingegen werden Artikel ausgespielt wie „Obskure Tier-Krankheiten", „Hunde mit Behinderungen", „Fühlen Hunde Liebe?" oder „Tiere, die ihre Krankheiten überwinden".

> ▶ **Tipp** Für die organische Google-Suche und Discover sollte jeweils
> eine eigene Strategie erarbeitet werden und genau analysiert wer-
> den, welche Themen auf welcher Plattform besser funktionieren. Was
> ist das Ziel des Artikels – und wo soll er seinen Traffic holen? Diese
> Frage sollte zentraler Bestandteil der Themenfindung werden.

3.2.3 Bilder

Neben der Überschrift ist das Bild das zweite zentrale Verkaufsargument für einen Artikel bei Discover. 2020 veröffentlichte Google eine Studie, die zeigen sollte, das sich die CTR bei einigen Publishern um bis zu 79 % verbessert habe, allein weil sie eine kleine Zeile Code in ihrem HTML-Dokument hinzugefügt hatten: Das Meta Tag *max-image-preview:large*. (Google 2021)

Hierbei handelt es sich um einen sogenannten Robots Meta Tag, das im Head-Bereich des HTML-Dokuments verbaut ist und den Google-Crawlern bestimmte

Anweisungen gibt, wie die Seite indexiert werden soll. Man kann den Crawlern unterschiedliche Anweisungen geben, eine davon ist *max-image-preview.*

▶ **Crawler** Der Crawler ist ein Bot – also ein Softwareprogramm – von Google, der öffentlich zugängliche Webseiten „besucht" und deren Inhalte speichert. Mithilfe der Bots holt sich Google von den Webseiten alle Informationen für seinen Suchindex. Der Bot kommt entweder automatisch auf die Seite – manchmal auch mehrmals am Tag – oder kann durch eine Nutzeranfrage gezielt gerufen werden.

Die Anweisung legt fest, welche maximale Größe die Bildvorschau haben kann. Ist sie nicht auf der Seite angegeben, zeigt Google Bilder in der Standardgröße an. Ist sie im HTML-Dokument mit *large* versehen, ist das ein Hinweis an den Crawler: Es darf eine größere Bildvorschau angezeigt werden, die maximal so groß ist wie der Darstellungsbereich. In der Praxis heißt das: Google kann das Bild in größeren Formaten bei Discover ausspielen – und ein größeres Bild kann ein entscheidender Wettbewerbsvorteil sein. So sieht etwa ein Artikel im Feed ohne das Robots Meta Tag bei Discover aus im Vergleich mit einem, der das Tag verbaut hat. (Siehe Abb. 3.4)

Mit diesem Stückchen HTML-Code im Head-Bereich kann eine Webseite also tatsächlich einen Traffic-Schub bekommen:

<meta name = "robots" content = "index, follow, max-snippet:-1, max-image-preview:large, max-video-preview:-1"/>

Die Bilder sollten mindestens eine Größe von 1200 Pixel und immer das Bildformat 16:9 haben. Die Regeln, wie ein Discover-Bild aussehen sollte, damit viele Nutzer draufklicken, sind ähnlich wie etwa bei den Thumbnails von YouTube-Videos – das Stichwort lautet Emotionen. Die Praxis zeigt, dass Bilder mit Menschen und Tieren besser funktionieren als Gegenstände, Logos oder Gebäude. Besonders negative Emotionen ziehen Nutzer in die Inhalte: Wut, Angst, Ekel, Trauer. Ein weinender Mann oder eine vor Wut schreiende Frau erhöhen die Chancen auf einen Discover-Treffer.

Auch Textboxen (mit sehr kurzen, sehr spitzen Zeilen) oder Markierungen im Bild können einen Effekt haben – etwa ein roter Pfeil oder ein Kreis, der auf ein bestimmtes Detail hinweist.

Schwere Vorwürfe gegen
Serien-Schöpfer: Steht "Rick and
Morty" vor dem Aus?

🐟 Moviejones · 2 d   ♡   ⤴   ⋮

Sie kaufen euer Startup für Millionen – aber
nur, wenn ihr gebootstrappt habt

BI Business Insider · 13 h   ♡   ⤴   ⋮

Abb. 3.4 Discover-Panel Bildergrößen

3.3   Das Republishing von Artikeln – und seine Gefahren

Unter Verlags-SEOs ist es kein Geheimnis: Man kann Google Artikel für Discover mehrfach anbieten – und häufig nimmt Google sie sogar an. Das funktioniert recht simpel: Man ändert die URL des Artikels (sinnvoll mit einer Weiterleitung von der alten auf die neue URL, um Dubletten zu vermeiden) und setzt den Zeitstempel hoch auf das aktuelle Datum. Zusätzlich kann man vorher noch einmal die Überschrift ändern.

Viele SEO-Experten warnen davor, Google könnte exzessives Republishing ohne signifikante Änderungen am Artikel abstrafen. So riet etwa die Chefredaktion eines internationalen Publishers einst in einer Mail an die Belegschaft:

„Do not refresh a timestamp unless a story is substantially new. Only refresh the time-stamp of a story if you are making substantial changes to it. Refreshing a timestamp just to make a story look new is deceptive to readers and deceptive to platforms, and we risk getting penalized by platforms like Google."

Republishing sei zwar grundsätzlich nicht verkehrt, man sollte aber folgende Regeln einhalten:

„If you have an old evergreen story that has a current news peg, you must refresh the following before updating the timestamp: the headline, summary, meta description, story text.

If you have a breaking news story that's developing, you should also make sure the most up-to-date information is added to the top of the story before updating the timestamp.

If you have a story that initially flopped and you want to give it a second chance, you can refresh the timestamp as long as you substantially change the headline, the thumbnail, and the summary."

Google hat ebenfalls eine offizielle Richtlinie dazu, zuletzt aktualisiert im Januar 2019:

„Vermeidet die Aktualisierung von Meldungen: Wenn ein Artikel maßgeblich ver-ändert wurde, ist es unter Umständen sinnvoll, ihn mit einem neuen Datum und einer neuen Uhrzeit zu versehen. Aktualisiert jedoch keine Meldung, ohne wesentli-che Informationen hinzuzufügen oder sonstige triftige Gründe für die Aktualisierung anzugeben. Ebenso ist es untersagt, an einer bereits veröffentlichten Meldung etwas abzuändern, die alte Meldung zu löschen und eine Weiterleitung zur neuen Mel-dung zu erstellen. Dies verstößt gegen unsere Richtlinien zu Artikel-URLs." (Google 2019a)

Auch deswegen entscheiden sich viele SEO-Manager für eine verhaltene Republishing-Strategie. Einige Redaktionen in Deutschland ziehen ihre Artikel erst hoch, wenn es tatsächlich ein echtes Update im Artikel gibt – sprich neben Titel, URL und Zeitstempel auch neue Textpassagen hinzugefügt werden.

Diejenigen in der Branche, die hingegen sehr viele Artikel ohne neue Inhalte republishen, konnten bislang wenig negative Auswirkungen erkennen – und mei-nen, ohne Republishing würde das Trafficniveau der Seite schnell einbrechen. Manche Publisher entscheiden sich deshalb für einen Mittelweg: Sie republishen nur ausgewählte Evergreen-Inhalte für bestimmte Themencluster, zum Teil mit Änderungen im Text.

Manche treibt die Sorge um, dass die Nutzer genervt sein könnten, immer wieder die gleichen Artikel angezeigt zu bekommen. Das könne sich negativ auf die CTR und damit auch auf den Erfolg bei Discover auswirken. Diese Theorie geht allerdings davon aus, dass Google die Artikel Nutzern mehrmals ausspielt – was angezweifelt werden darf. Wahrscheinlicher ist, dass man mit jedem Republishing neue Nutzer erreicht, die den Artikel vorher noch nicht gesehen haben.

Obwohl es ein Risiko gibt, von Google dafür bestraft zu werden – der simpelste und derzeit effektivste Republishing-Workflow ist:

URL ändern, Zeitstempel hochziehen – und gegebenenfalls noch einmal den Titel und das Bild ändern.

Bleibt noch zu klären, wie oft man einen Artikel eigentlich republishen sollte. SEO-Experte Valentin Pletzer zeigte auf der SEO-Konferenz SMX München 2020, dass Discover-Traffic in der Regel 24 h anhält, es aber auch mal drei Tage sein können. (Pletzer 2020) Das deckt sich mit den Erfahrungen anderer Experten. Bei News-Artikeln gilt die Faustregel: Jeden Tag einmal republishen, und das 2–3 Tage lang. Evergreen-Artikel, die zeitlose Themen behandeln, kann man in Abständen von einigen Wochen republishen. Gute Zeiten dafür sind besonders morgens zwischen 4 und 7 Uhr – um diejenigen zu erwischen, die zur Arbeit fahren – und abends zwischen 20 und 21 Uhr.

Ein Muster, das auch andere Experten bemerken: Es gibt meist ein Grundrauschen an Discover-Traffic, viele Artikel bekommen im Laufe des Tages eine überschaubare Anzahl Klicks. Immer wieder gibt es dann bei einzelnen Artikeln Ausreißer (Abschn. 3.5). Es kann sinnvoll sein, diese Peaks für das Discover-Republishing zu nutzen und sich beim Hochtimen auf diese Ausreißer-Artikel zu beschränken.

Trisolute-Gründer Tobias Fellner-Jost stellt im SEO-Podcast „SEO House" eine Faustregel auf: Republishing würde „bis zu fünf Mal ganz gut funktionieren, man bekommt noch einmal etwa 50 % mehr von dem Traffic, den man bereits mit dem Artikel geholt hat". Das sei „ein gutes Ergebnis für eine halbe Minute Arbeit". Der Traffic gehe aber mit jedem Republishing weiter nach unten und nach ein paar Tagen sei er weg. Die Anzahl der Artikel, bei denen sich das lohne, sei „überschaubar". Es könne daher sinnvoller sein, den Fokus auf neue Themen zu legen als auf das Republishing alter Inhalte.

Abschließend sollte noch erwähnt werden: Wie viel mehr Traffic sich durch Republishing erzielen lässt, ist nicht leicht messbar – denn eine Korrelation muss nicht gleich eine Kausalität sein. Manchmal landen Artikel ohnehin erst nach 2–3 Tagen im Feed – ob sie durch das Republishing dort hineingezogen wurden, oder ohnehin mit etwas Zeitverzug dort gelandet wären, lässt sich kaum nachverfolgen.

3.4 Google News und Google Discover – zwei ähnliche Algorithmen?

Neben Evergreen-Inhalten und Videos schaffen es auch aktuelle News in den Discover-Feed. Hängen die Algorithmen von Google News und Google Discover zusammen? „Schiebt" Google die Artikel aus Google News nach einer Weile in den Discover-Feed?

Auffällig ist die Traffic-Verteilung der Discover-Peaks: Wenn ein Artikel eine hohe Reichweite bei Google Discover erzielt, bekommt er oft zeitgleich auch überdurchschnittlich viel über Google News und die organische Suche – fast, als würde Google den Traffic auf seine Plattformen aufteilen. Das berichtet auch WordLift-CEO Andrea Volpini auf seinem Blog. Die höchste Überschneidung, die er dabei gefunden habe, waren 13,5 % (Volpini 2021). Lässt sich also ein Artikel über den Umweg Google News zu Discover „weiterleiten"?

Google Discover versteht sich nicht als News-Feed, sondern als Produkt, das dem Nutzer basierend auf seinen Interessen ein möglichst gutes Angebot machen will. Hohe Aktualität steht dabei nicht im Fokus, Discover hängt Google News bei der Aktualität hinterher.

Während Google News minutenaktuell ist, tauchen die gleichen Artikel oft erst einen Tag später bei Discover auf. Wie groß die zeitlichen Unterschiede sind, kann man etwa über die News-Sitemap herausfinden. Eine Sitemap ist eine Datei, mit der man Google mitteilt, welche Seiten der Website besonders wichtig sind. Für Google News gibt es eine eigene, die nur Artikel enthält, die nicht älter als zwei Tage sind. Sie zeigt, welche News wann veröffentlicht und indexiert wurde. Mithilfe von Googles Analyse-Tool Search Console kann man dann ableiten, wie groß der zeitliche Unterschied zwischen der Veröffentlichung und dem beginnenden Discover-Traffic liegt.

Die Schwankungsbreite ist groß, Discover zeigt auch Artikel an, die vier oder fünf Tage alt sind und oft tauchen Google-News-Artikel auch gar nicht bei Discover auf oder eben nur bei einer kleinen Anzahl an Nutzern. Eine Regel lässt sich daraus kaum ableiten.

Das liegt an den unterschiedlichen Platzierungen der beiden Apps: Google News richtet sich an Nutzer, die bei einem Nachrichtenereignis schnell Informationen haben wollen und gezielt danach suchen. Discover hingegen will seine Nutzer mit einer Auswahl an Themen unterhalten – News gehen da schnell unter, weil der Nutzer die App vielleicht erst Stunden später öffnet. Auch viele SEO-Experten glauben, dass es – wenn überhaupt – nur eine geringe Überschneidung zwischen Discover und Google News gibt. Lediglich bei einzelnen Themen lasse sich das beobachten. So kommt es vor, dass eine Nachricht bei Google News ausgespielt wird, und einen Tag später ein ausführlicheres Hintergrundstück zum selben Thema bei Discover.

3.5   Die rätselhaften Hochs und Tiefs bei Google Discover

Eines der größten Probleme bei der Ausarbeitung einer Discover-Strategie ist die Volatilität. An einigen Tagen scheint es Googles wohlwollend mit dem Traffic zu meinen, und jede noch so kleine Meldung scheint Klicks zu holen. An anderen Tagen funktionieren selbst Geschichten nicht, die sonst sichere Treffer sind. Hat jede Webseite eine Art „Kontingent" an Traffic, das aufgebraucht werden kann? Ändern sich thematische Autoritäten so häufig? Ändern die vielen Algorithmus-Updates jedes Mal die Regeln, wer wann wie oft ausgespielt wird?

Eine eindeutige Antwort gibt es auf diese Frage nicht. Warum Google in diesem Punkt so funktioniert wie es funktioniert, scheint noch niemand herausgefunden zu haben. In Interviews mit unterschiedlichen Experten haben sich aber zumindest einige Thesen herauskristallisiert, die hier einmal zusammengefasst werden sollen.

Die sich ständig verändernden Interessen der Nutzer spielen hier sicherlich eine Rolle. Eine Auswertung von Experte John Shehata zeigt: Es gibt eine Korrelation zwischen Thementrends und Traffic-Hochs bei Google Discover (Shehata 2021). Google experimentiert offenbar sehr viel mit den Feeds einzelner Nutzer und testet verschiedene Interessen aus. Sollte ein bestimmter Artikel bei einer bestimmten Anzahl Nutzer gut funktionieren, wird dieser nach und nach an immer mehr Menschen mit ähnlichen Interessen ausgespielt. Das ist ein typisches Verhalten für eine Recommendation Engine. Auffällig bei der Analyse des Traffics in der Search Console: Die meisten gut performenden Artikel mit über 100.000 Klicks haben fast immer eine CRT von etwa 10 % – so, als sei das die magische Grenze, die ein Artikel übertreten muss, um über den Kreis der „Testnutzer" hinaus zu einem breiteren Publikum zu kommen.

Dass sich der Traffic „hochschaukeln" kann wie bei einem Schneeballsystem, lässt sich auch in der Live-Analyse ablesen: Erst sind 100 Discover-Nutzer auf dem Artikel, eine Stunde später schon 300, noch eine Stunde später können es schon 600 sein. Manche SEO-Experten fangen bei den ersten Anzeichen von steigendem Discover-Traffic an, Zeilen und Bilder zu optimieren, um so am Ende über die 10 % CTR zu kommen und den Discover-Boost einzuleiten. Das klappt nicht immer, doch es kann sich auszahlen, Dinge umgehend zu ändern und zu schauen, wie sie sich auf den Traffic auswirken. Und dann Workflows daraus abzuleiten.

Manchmal scheint es so, als würden auch andere Artikel in das „Hoch" hineingezogen, sodass sich für einige Zeit das Gesamt-Trafficniveau der Seite erhöht. Als ob Google bei besonders hohem Traffic auf einzelnen Artikeln dem ganzen Publisher einen kurzzeitigen Vertrauens-Schub gibt und seine Geschichten besonders häufig ausspielt. Nachdem die Reichweitenkurve nach ein paar Tagen in der Regel ihren Höhepunkt erreicht hat, fällt der Discover-Traffic dann schrittweise ab – und kommt auch so schnell nicht zurück. Im Gegenteil: Manche Publisher berichten, dass nach einem Discover-Hoch das Traffic-Niveau einige Tage lang deutlich abflaut. Als ob Google – möglicherweise auch aufgrund von Diversität bei der Anzeige einzelner Publisher – andere Marken bevorzugt ausspielt. Es bringt dann wenig, immer mehr Artikel zu Themen zu publizieren, die ein paar Tage zuvor noch viel Traffic geholt haben – das Hoch lässt sich nicht mehr zurückholen.

3.6 Google Discover und die Paywall

Ein Reibungspunkt zwischen Google und einigen Verlagen ist die Paywall – die Bezahlschranke, die Artikel nur für zahlende Nutzer zugänglich macht. Google möchte den Nutzern möglichst unkompliziert und schnell Informationen geben. Wer jedoch dauernd auf eine Paywall stößt, ist frustriert – und unzufriedene Nutzer sind schlecht für das Geschäft.

Google hat verstanden, dass journalistische Artikel zunehmend nur gegen Bezahlungen angeboten werden. Digitale Abomodelle nehmen für Verlage als Erlösquelle an Bedeutung zu. Deshalb werden Artikel hinter der Paywall seit 2017 nicht mehr grundsätzlich von Google ausgeschlossen – aber sparsam ausgespielt. So schrieb etwa Googles Danny Sullivan 2021 in einem (inzwischen gelöschten) Twitter-Beitrag:

> „As I said, I get why some people want to omit paywall content from Search. Google understands that, too. But our role is to show what we think is the most useful and helpful information. That will include paywall content… On a more practical matter, paywalls vary. Go a few times to a publication, you might not get one. Go repeatedly, maybe you do. It's so variable that for us to predict what's paywall content isn't as reliable as it sounds."

Dass Google in der Praxis selten Paywall-Inhalte ausspielt, liegt wohl auch daran, dass sie oft nicht richtig ausgelesen werden können. Einige Publisher verbieten es dem Crawler, hinter die Paywall zu schauen und den Text zu indexieren. Google nimmt aber nicht gern Artikel, die es nicht auslesen kann. Zudem ist die Bounce Rate – also die Absprungrate – bei Paywall-Artikeln hoch. Viele Nutzer klicken auf den Artikel, sehen dann, dass sie zum Lesen ein Abo bräuchten – und verlassen die Seite binnen Sekunden wieder. Eine hohe Bounce Rate kann für Google ein Signal sein, dass der Nutzer in dem Artikel nicht das gefunden hat, was er erwartet hat – das könnte sich negativ auf die Platzierung im Discover-Feed auswirken. Ist es überhaupt möglich, Discover sinnvoll in eine Paid-Strategie einzubauen?

Ja, durchaus. In der Praxis zeigt sich ein anderes Bild als in der Theorie: Google Discover zeigt tatsächlich Inhalte an, die hinter der Paywall stecken, aber nicht ausgelesen werden. Die Mechaniken funktionieren ähnlich wie bei Artikeln ohne Paywall: Spitze Zeilen und gute Bilder können für viele Klicks sorgen. Das passiert allerdings deutlich seltener als bei Artikeln ohne Paywall.

Auch thematisch unterscheidet Google kaum zwischen frei zugänglichen Artikeln und Texten hinter der Paywall. Die Themen, mit denen auch die frei zugänglichen Artikel bei Discover gut funktionieren, funktionieren oft auch für Paywall-Artikel.

Grundsätzlich kann Discover also ein wichtiger Distributionskanal für Paywall-Artikel sein. Es zeigt sich aber auch, dass die Conversion Rate – also die Anzahl der Nutzer, die tatsächlich ein Abo abschließen im Verhältnis zu den Nutzern, die den Artikel anklicken – bei Discover sehr gering ist. Oft liegt sie im Bereich zwischen 0,01 und 0,1. Ein Artikel braucht in der Regel eine Menge Paywall-Aufrufe, bevor ein Leser zu einem zahlenden Abonnenten wird.

Wie analysiere ich Google Discover?

4

Kap. 4 ist in Zusammenarbeit mit Christopher Grunert entstanden, der federführend die Analyse der Google Search Console API und die Zusammenführung der Daten der Search Console und Google Analytics übernommen hat.

Eine Discover-Strategie lässt sich nur nachhaltig aufsetzen, wenn man Erfolg und Misserfolg messen kann. Google macht Webmastern die Analyse jedoch nicht immer leicht: Einen eigenen Referrer – also einen Verweis darauf, von welcher Webseite Traffic kommt – gibt es für Discover nicht, der Live-Traffic ist meist „unsichtbar". Inzwischen gibt es aber ein paar Tricks, ihn durch speziell aufgesetzte Reportings sichtbar zu machen.

Seit 2019 stellt Google Daten zu Discover in der Search Console – einem kostenlosen Analysetool – zur Verfügung. Tiefgehende Untersuchungen sind durch die begrenzten Einstellungsmöglichkeiten und den wenigen vorhandenen Dimensionen und Metriken jedoch kaum möglich.

Interessanter wird es, wenn man direkt mit der Google Search Console API arbeitet, die seit 2021 unter anderem auch Daten von Google Discover zur Verfügung stellt. Zwar gibt eine direkte Abfrage mittels API-Konnektor nicht mehr Daten als die Oberfläche der Google Search Console heraus, jedoch kann man die bekannten Informationen mit weiteren Datensätzen (etwa Google Analytics) kombinieren und anreichern. Mittels einer grafischen Benutzeroberfläche (GUI)

S. Plöger, *Google Discover verstehen und nutzen*, essentials,
https://doi.org/10.1007/978-3-658-42305-6_4

wie dem Looker Studio – ein Tool von Google zur Visualisierung von Daten – lassen sich verhältnismäßig einfach und intuitiv Daten miteinander verknüpfen, um weitere Erkenntnisse zu gewinnen.

▶ **API** Die Abkürzung API steht für Application Programming Interface und bezeichnet eine Programmierschnittstelle. Sie dient dem Austausch von Informationen zwischen zwei Programmen. Die Search Console API etwa sorgt dafür, dass Performance-Daten von Google ohne großen Aufwand von anderen Programmen abgerufen und genutzt werden können.

Es gibt noch viele weitere, meist kostenpflichtige Tools zur Analyse von Google Discover. Kap. 4 konzentriert sich jedoch darauf, wie man den Traffic mit den kostenlosen Angeboten von Google in ersten Schritten selbst auswerten kann. Ziel ist es dabei, Lösungsansätze und Ideen aufzuzeigen, wie man den API-Konnektor nutzen und was man mit den Informationen machen kann.

Eine Übersicht, welche Daten man mit der API abrufen kann, bietet Abb. 4.1.

4.1   Der „unsichtbare" Traffic

Jeder Publisher nutzt Datentools, um zu sehen, wie sich der Traffic auf der Webseite entwickelt, wie viele Visits ein Artikel gemacht hat oder von welchen Quellen der Traffic kommt. Die Zahlen sind oft elementarer Bestandteil von Wachstums-Strategien. Google Discover hat jedoch keinen eigenen Referrer. Der Traffic ist da, aber nicht richtig erkennbar. Oft kann man sich in der Nachbetrachtung herleiten, wo er herkommt, wenn man die Serach Console hinzuzieht – doch das ist ungenau und besonders im Live-Tracking ist es manchmal schwierig zu erkennen, welcher Traffic auf der Seite von Discover kommt. Das macht es kompliziert und fehleranfällig, Maßnahmen abzuleiten.

Wo er sich versteckt, darüber gibt es unterschiedliche Theorien. SEO-Experte Valentin Pletzer schreibt auf seinem Blog, er stecke in den Referrern *www.google.com* und *com.google.android.googlequicksearchbox/*, die Google Analytics aggregiert zum Referrer *google/organic* (Pletzer 2019). Auch gibt Pletzer eine Anleitung, wie man Discover-Traffic in Google Analytics segmentiert, um zumindest eine Annäherung zu bekommen.

Discover-Traffic scheint bei Google Analytics auch im Referrer „Direct" zu stecken. Dieser soll eigentlich den Direkt-Traffic anzeigen, also Traffic, der ohne Referrer bei Analytics einläuft. In der Regel sollten das Klicks von Nutzern sein, die direkt die Homepage ansteuern und nicht von einer Drittplattform wie Google,

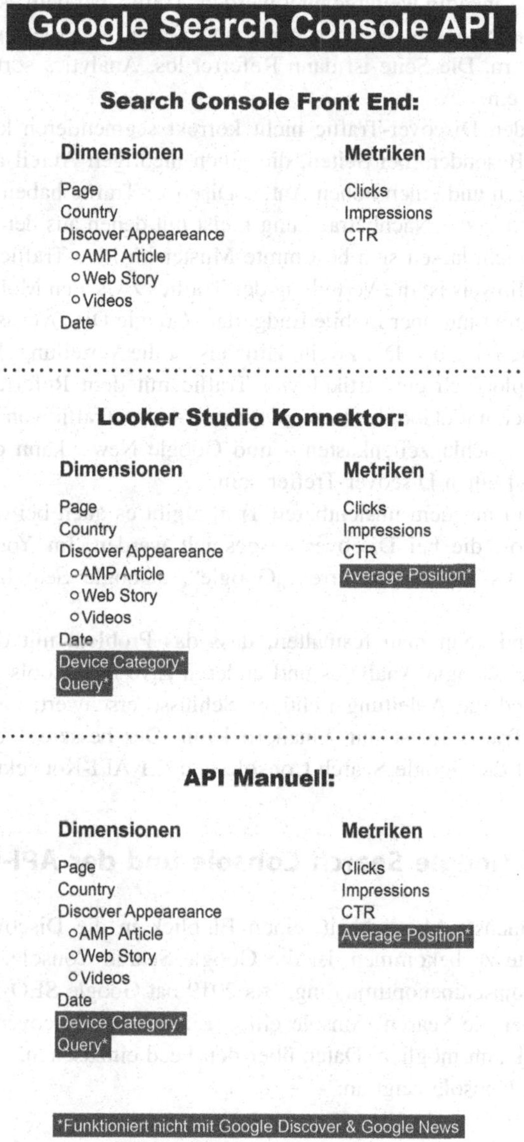

Google Search Console API

Search Console Front End:

Dimensionen	Metriken
Page	Clicks
Country	Impressions
Discover Appeareance	CTR
○ AMP Article	
○ Web Story	
○ Videos	
Date	

. . . .

Looker Studio Konnektor:

Dimensionen	Metriken
Page	Clicks
Country	Impressions
Discover Appeareance	CTR
○ AMP Article	Average Position*
○ Web Story	
○ Videos	
Date	
Device Category*	
Query*	

. . . .

API Manuell:

Dimensionen	Metriken
Page	Clicks
Country	Impressions
Discover Appeareance	CTR
○ AMP Article	Average Position*
○ Web Story	
○ Videos	
Date	
Device Category*	
Query*	

*Funktioniert nicht mit Google Discover & Google News

Abb. 4.1 Infografiken Search Console API

Facebook oder LinkedIn weitergeleitet werden. Traffic, bei dem es diesen Verweis also nicht gibt. Nun gibt es aber Apps und Seiten, die diesen Referrer nicht korrekt mitliefern. Die Seite ist dann Referrer-los, Analytics sortiert den Traffic unter „Direct" ein.

Falls man den Discover-Traffic nicht korrekt segmentieren kann, muss man ihn herleiten. Besonders bei Seiten, die einen niedrigen Anteil an tatsächlichen Direkt-Einstiegen und einen hohen Anteil Discover-Traffic haben, lassen sich die Analytics-Daten in der Nachbetrachtung meist mit denen aus der Search Console abgleichen. Zudem lassen sich bestimmte Muster im Live-Traffic ablesen.

Ein erster Hinweis ist die Verteilung des Traffics zwischen Mobil und Desktop. Der Traffic kommt nur über mobile Endgeräte, Google Discover ist ausschließlich auf Mobilgeräten nutzbar. Der zweite Hinweis ist die Verteilung des Traffics nach Quellen. Hat plötzlich ein Artikel viel Traffic mit dem Referrer „Direct" und gleichzeitig auch mit „Google" bzw. „Organic" – also Traffic von der organischen Suche oder den Schlagzeilenkästen – und Google News, kann diese Verteilung ein Hinweis auf einen Discover-Treffer sein.

Das Problem mit dem unsichtbaren Traffic gibt es auch bei der Analyse von YouTube-Videos, die bei Discover ausgespielt werden. Im YouTube-Analytics gibt es ebenfalls nur die Referrer „Google", „Google Search" und „Google News".

Abschließend kann man festhalten, dass das Problem mit dem „unsichtbaren Traffic" bei Google Analytics und anderen Live-Datentools die Auswertung des Traffics und die Ableitung richtiger Schlüsse erschwert, da man sich dem tatsächlichen Traffic meist nur annähern kann. Der bessere Weg, Discover zu analysieren, ist die Google Search Console und der API-Konnektor.

4.2   Die Google Search Console und der API-Konnektor

Die wohl einfachste Möglichkeit, einen Einblick in die Discover-Performance seiner Webseite zu bekommen, ist die Google Search Console, ein kostenloses Tool zur Suchmaschinenoptimierung. Bis 2019 hat Google SEO-Manager warten lassen, um über die Search Console einen Einblick in Discover zu bekommen. Zuvor war es kaum möglich, Daten über den Feed einzusehen.

Die Search Console zeigt an:

- Wie viel Klicks und Impressionen einzelne URLs an welchen Tagen über Discover bekommen haben
- Welche CTR diese URLs hatten

- Aus welchen Ländern die Nutzer kommen
- Wie die Leistung der Performance in Discover im Vergleich zur organischen Suche ist

Mehr Möglichkeiten zur Untersuchung von Discover spendiert Google der Search Console allerdings nicht. Leider ist es nicht möglich, einen Einblick in die verschiedenen Entitäten zu bekommen, die Google der Webseite oder einzelnen Artikeln zuordnet.

Wem die Google Search Console zu wenig Einstellungsmöglichkeiten bietet, kann sich eigene Dashboards bauen mit den Discover-Daten aus der Search Console API. Der Konnektor stellt grundsätzlich nicht mehr Dimensionen und Metriken als die Search Console zur Verfügung, trotzdem bietet die Analyse mit dem Looker Studio ein paar Vorteile. Zum einen lassen sich die Dashboards und Grafiken personalisieren, was in der Search Console nicht möglich ist, zum anderen lassen sich die Discover-Daten mit anderen Daten – etwa denen von Google Analytics – kombinieren. So kann man Dimensionen und Metriken untersuchen, die die Search Console API nicht ausspielt.

Hinter dem QR-Code aus Abb. 4.2 finden Sie eine detaillierte Schritt-für-Schritt-Anleitung, wie man Daten aus unterschiedlichen Quellen aufbereitet und zusammenführt (Data Blending) und mit kostenlosen Visualisierungstools wie dem Looker Studio darstellt.

Bereits in Abschn. 3.2 wurde das Thema Entitäten-Analyse besprochen. Zwar lässt sich nicht genau sagen, welche thematischen Autoritäten Google einer Webseite konkret gibt – aber zumindest kann man über die Cloud Natural Language API einzelne Texte analysieren und Entitäten extrahieren lassen.

▶ **Google Cloud Natural Language API** Googles Natural Language Processing (NLP) verwendet maschinelles Lernen, um die Struktur und die Bedeutung von Texten zu ermitteln. Dazu gehört auch die Entitäten-Analyse. Mit der API gibt Google Entwicklern die Möglichkeit, NLP-Funktionen für unterschiedlichste

Abb. 4.2 Code Medium Blog

Aufgaben zu nutzen – etwa, um die emotionale Stimmung von Texten zu analysieren oder Inhaltskategorien zu extrahieren.

Mit der Kombination aus der Search Console API und der Natural Language API ließen sich so etwa kleine Programme schreiben, die Texte auf einer Webseite analysieren und die Entitäten extrahieren. Mithilfe der Traffic-Daten aus der Search Console ließe sich so etwa herausfinden, welche Entitäten in der Regel am meisten Klicks holen. Damit könnte man zumindest eine Annäherung bekommen, welche thematischen Autoritäten eine Webseite hat.

Quo vadis, Google Discover?

Zum Abschluss des Ausflugs in die Welt von Google Discover darf nun das Gedankenexperiment gewagt werden: Wie könnte sich das Produkt in den nächsten Monaten und Jahren verändern?

Discover hat sich in den letzten Monaten bereits stark verändert. Am auffälligsten sind die vielen Werbeanzeigen, die nun auch an deutsche Nutzer ausgespielt werden. Das Muster ist nicht neu: Erst ködern Tech-Riesen Publisher mit großen Mengen kostenlosen Traffic, danach schalten sie einen Teil davon ab und geben ihn gegen Geld wieder frei. Wer seine alte Reichweite zurückhaben will, muss Kampagnen buchen. Journalismus in Textform wird auch künftig noch Platz bei Google Discover haben, wird ihn sich aber häufiger teilen müssen mit E-Commerce-Seiten, Short-Video-Panels und Podcasts – letzteres testet Google in den USA bereits. Die Gesamtreichweite, die Publisher mit Discover erzielen können, wird sinken.

Was Inhalte betrifft wird Google besser werden, relevante von irrelevanten zu unterscheiden. Noch nutzt Google eigenen Aussagen nach das Helpful Content Update nicht für Discover (Sullivan 2023), man kann aber davon ausgehen, dass das passieren wird. Das bedeutet auch: Zeitlose Artikel, die Menschen bei Problemen im Alltag helfen, könnten an Bedeutung gewinnen, News an Bedeutung verlieren. „Mehr Inhalte von Menschen für Menschen" nennt Google das. Spam-Inhalte und generische, von KIs geschriebene Texte wird Google hingegen noch besser erkennen und aussortieren.

Apropos: Der Elefant im Raum ist natürlich Generative AI. Nicht wenige Experten wollen in der KI das Ende von Google sehen. Und man darf zumindest annehmen, dass die organische Suche in ihrer jetzigen Form in den nächsten Jahren verschwinden wird. Derzeit gibt der Google-Nutzer eine Frage in das Suchfeld ein, und bekommt eine Liste von Webseiten zurück, die möglicherweise

S. Plöger, *Google Discover verstehen und nutzen*, essentials, https://doi.org/10.1007/978-3-658-42305-6

eine Antwort auf diese Frage haben. Programme wie ChatGPT zeigen, dass eine KI die Fragen künftig selbst beantworten kann. Auch deshalb arbeitet Google längst an einer Antwort auf ChatGPT.

Discover funktioniert aber nicht wie die organische Suche, sondern ist eine Recommendation Engine. Das Produkt ist bereits eine Künstliche Intelligenz, die vom Nutzer mit Informationen über ihn selbst gefüttert wird. Er nutzt Discover nicht, um eine Frage zu beantworten, sondern will aus der Bandbreite an Inhalten aus dem Netz die für ihn relevantesten angezeigt bekommen. Und auch wenn Discover irgendwann einen neuen Namen oder neue Funktionen bekommen könnte – Recommendation Engines werden wohl auch in Zukunft für Google ein wichtiger (weil Umsatz generierender) Teil des Produktes bleiben und möglicherweise auch noch stärker in der organischen Suche verwendet werden.

Das wird zwangsläufig die Analyse solcher Produkte komplizierter machen. Während man derzeit bei organischen Suchergebnissen genau sehen kann, auf welcher Position ein Artikel steht und es inzwischen etablierte Methoden gibt, im Ranking abgerutschte Seiten wieder nach oben zu bringen, wird das bei einer Recommendation Engine nicht möglich sein. Wann genau ein Artikel für welche Themen und an welche Nutzer ausgespielt wird, bleibt künftig noch mehr im Dunkeln. KI wird für mehr Intransparenz sorgen. Durch Datenanalysen und Mustererkennung wird man aber in der Lage sein, Hypothesen über die Funktionsweisen dieser Künstlichen Intelligenzen aufzustellen und daraus Maßnahmen abzuleiten.

So, wie wir das in diesem Buch gemacht haben.

Google Discover wird sich verändern – darauf sollte man sich einstellen. Und auch wenn die Freude groß ist über die Traffic-Peaks – man sollte seine Reichweite so gut es geht diversifizieren, um nicht am Tropf von Discover zu hängen. Am Ende gilt, wie die US-amerikanische SEO-Expertin Lily Ray anmerkt:

> „Discover traffic is extremely unpredictable. Relying on Discover traffic as a major part of your business model is not a good idea." (Ray 2021b)

Zuverlässiger als Discover es jemals sein wird sind hingegen meine Mitstreiter und Mitstreiterinnen auf dem Weg, diese Buchidee real werden zu lassen. Euch gebühren daher die letzten Worte: Besonderer Dank gilt **Christopher Grunert (Datenanalyse)**, **Vivienne Goizet (Redigatur)** und **Marcus Rudzok (Infografiken)**.

I owe you ♥

Was Sie aus diesem *essential* mitnehmen können

- Sie wissen, wie groß das Potenzial für Reichweite und den Verkauf von Digital-Abos bei Google Discover ist.
- Sie wissen, welche Algorithmen Google nutzt, um qualitativ hochwertige Texte zu erkennen, und wie diese funktionieren.
- Sie wissen, wie Sie im redaktionellen Alltag Texte, Bilder und HTML-Code anpassen müssen, um größtmögliche Erfolgschancen bei Discover zu haben.
- Sie wissen, welche Strategien andere Publisher nutzen, und wo bei manchen Tricks Gefahren lauern.
- Sie wissen, wie Sie Erfolge bei Google Discover sowohl mit der Search Console als auch mit dem API-Konnektor analysieren können, um daraus eigene Strategien abzuleiten.

Literatur

Corby, Karen. 2018. Discover new information and inspiration with Search, no query required (Offizieller Google-Blog). https://blog.google/products/search/introducing-google-discover/. Zugegriffen: 17. Mai 2023.

Fanta, Alexander. 2022. Kartellverfahren: Google beschränkt Reichweite von News Showcase in Deutschland. https://netzpolitik.org/2022/kartellverfahren-google-beschraenkt-reichweite-von-news-showcase-in-deutschland/. Zugegriffen: 17. Mai 2023.

Fauldraht, Jens. 2021. SEO House Show: Verlags SEO 2021 – Interview mit Valentin Pletzer, Daniel Schüller & Tobias Fellner-Jost (Podcast)

Fedewa, Joe. 2022. Googles first Assistant: The death of Google Now. https://www.howtogeek.com/789825/googles-first-assistant-the-death-of-google-now/. Zugegriffen: 17. Mai 2023.

Fox, Nick. 2018. Helping you along your Search journeys (Offizieller Google-Blog). https://blog.google/products/search/helping-you-along-your-search-journeys/. Zugegriffen: 29. Mai 2023.

Google. 2014. Patenteintrag US9679018B1: Document ranking based on entity frequency https://patents.google.com/patent/US9679018B1/en?oq=US9679018B1. Zugegriffen: 17. Mai 2023.

Google. 2019a. Google News optimal nutzen. https://developers.google.com/search/blog/2019/01/ways-to-succeed-in-google-news. Zugegriffen: 21. Mai 2023.

Google. 2019b. How Google Fights Desinformation. https://blog.google/documents/37/How_Google_Fights_Disinformation.pdf/. Zugegriffen: 29. Mai 2023.

Google. 2021. Große Bilder in Discover verbessern die CTR und steigern die Besuche auf Publisher-Websites (Offizieller Google-Blog). https://developers.google.com/search/case-studies/large-images-case-study. Zugegriffen: 21. Mai 2023.

Google. 2022a. General Guidelines. https://static.googleusercontent.com/media/guidelines.raterhub.com/de//searchqualityevaluatorguidelines.pdf. Zugegriffen: 17. Mai 2023.

Google. 2022b. Was Creator über das Hilfreiche-Inhalte-Update im August 2022b wissen sollten (Offizieller Google-Blog). https://developers.google.com/search/blog/2022/08/helpful-content-update. Zugegriffen: 17. Mai 2023.

Google. 2023a. Discover-Inhaltsrichtlinien (Offizieller Google-Blog). https://support.google.com/websearch/answer/9982767. Zugegriffen: 21. Mai 2023.

Google. 2023b. Google News-Richtlinien (Offizieller Google-Blog). https://support.google.com/news/publisher-center/answer/6204050. Zugegriffen: 21. Mai 2023.

Google. 2023c. Discover und deine Webseite (Offizieller Google-Blog). https://developers. google.com/search/docs/appearance/google-discover. Zugegriffen: 21. Mai 2023.

Google. 2023d. Funktionsweise von Zusammenführungen: Die grundlegenden Konzepte der Datenzusammenführung (Offizieller Google-Blog). https://support.google.com/loo ker-studio/answer/9061420. Zugegriffen: 21. Mai 2023.

Google. 2023e. Glossar der Google Realtime Transit-Terminologie (Offizieller Google-Blog). https://developers.google.com/transit/gtfs-realtime/reference/glossary-realtime. Zugegriffen: 21: Mai 2023.

Google. 2023f. Was ist das Hilfreiche-Inhalte-System und was bedeutet es für deine Webseite? (Offizieller Google-Blog). https://developers.google.com/search/updates/helpful-content-update. Zugegriffen: 29. Mai 2023.

Hamilton, Abby. 2020. How to Succeed in Google Discover. https://www.searchenginejou rnal.com/google-discover/361142/. Zugegriffen: 17. Mai 2023.

Kopp, Olaf. 2023a. 18 E-E-A-T-Signale / -Faktoren für das Ranking bei Google. https:// www.sem-deutschland.de/blog/e-a-t-bewertung/. Zugegriffen: 21. Mai 2023.

Kopp, Olaf. 2023b. E-E-A-T: Definition, Erklärung, Bedeutung für Google-Ranking & SEO. https://www.sem-deutschland.de/seo-glossar/e-a-t-und-ymyl/. Zugegriffen: 17. Mai 2023.

Kunz, Christian. 2019. Googles Johannes Müller äußert sich zu TF*IDF als Rankingfaktor. https://www.seo-suedwest.de/4811-googles-johannes-mueller-aeussert-sich-zu-tf-idf-als-rankingfaktor.html. Zugegriffen: 21. Mai 2023.

Mordecai, Darrell. 2022. What are Google entities? https://www.rankranger.com/blog/goo gle-entities. Zugegriffen: 17. Mai 2023.

Müller, Johannes. 2019. English Google Webmaster Central office-hours hangout (Offizieller Google-Livestream). https://www.youtube.com/watch?v=J47Wk5-ayQw&t=1845s . Zugegriffen: 21. Mai 2023.

Pichai, Sundar. 2020. Our $1 billion investment in partnerships with publishers (Offizieller Google-Blog). https://blog.google/outreach-initiatives/google-news-initiative/google-news-showcase/. Zugegriffen: 21. Mai 2023.

Pletzer, Valentin. 2019. How to track Google Discover in real-time. https://valentin.app/dis cover-tracking.html. Zugegriffen: 17. Mai 2023.

Pletzer, Valentin. 2020. Zero-Keyword-SERPs: Google Discover Optimierung. Vortrag SMX München 2020 (Dokumentation: https://www.slideshare.net/VorticonCmdr/optimizing-for-google-discover-smx-munich-2020). Zugegriffen: 21. Mai 2023.

Ray, Lily. 2021a. What does it Take to Rank in Google Discover? https://www.amsive digital.com/insights/seo/what-does-it-take-to-rank-in-google-discover/. Zugegriffen: 17. Mai 2023.

Ray, Lily. 2021b. Google Discover. Vortrag DeepSEO Conference 2021b. (Dokumentation: https://deepseoconference.com/wp-content/uploads/2021/09/googlediscover-lilyray-dee pseoconf-210907170641.pdf) . Zugegriffen: 21. Mai 2023.

Ray, Lily. 2022. Seven things all SEOs need to know about E-A-T . https://www.rankranger. com/blog/things-to-know-about-eat. Zugegriffen: 21. Mai 2023.

Shehata, John. 2021. 7 Tactics to Optimize for Google Discover. https://www.newzdash.com/ guide/uncover-google-discover-mysteries-john-shehata. Zugegriffen: 17. Mai 2023.

Singhal, Amit. 2012. Introducing the Knowledge Graph: things, not strings (Offizieller Google-Blog). https://blog.google/products/search/introducing-knowledge-graph-things-not/. Zugegriffen: 21. Mai 2023.

Sullivan, Danny. 2022. More content by people, for people in Search (Offizieller Google-Blog). https://blog.google/products/search/more-content-by-people-for-people-in-search/. Zugegriffen: 21. Mai 2023.

Sullivan, Danny. 2020. A reintroduction to our Knowledge Graph and knowledge panels (Offizieller Google-Blog). https://blog.google/products/search/about-knowledge-graph-and-knowledge-panels/. Zugegriffen: 17. Mai 2023.

Sullivan, Danny. 2023. Mastodon-Beitrag. https://mastodon.social/@dannysullivan/109916253950516542. Zugegriffen: 20. Mai 2023.

Volpini, Andrea. 2021. The Ultimate Checklist to Optimize Content for Google Discover. https://wordlift.io/blog/en/optimize-for-google-discover/. Zugegriffen: 17. Mai 2023.

Printed in the United States
by Baker & Taylor Publisher Services

Printed in the United States
by Baker & Taylor Publisher Services